CAHIER DE VACANCES POUR ADULTES

Ce cahier appartient à :

Ouvrage dirigé par Sophie Le Flour

Textes : Marine Le Flour, Luce Valli et Mahaut Caron
Illustrations : Joan
Photos : © Fotolia, © Shutterstock, © DR.

Couverture : Photo : © Shutterstock ;
illustrations : Joan

Chiflet&Cie

PENSE PAS BÊTE
MATHS

Théorème de Pythagore

Dans un triangle rectangle, le carré de l'hypoténuse (le côté opposé à l'angle droit qui est aussi le plus grand des 3 côtés) est égal à la somme des carrés des 2 autres côtés.

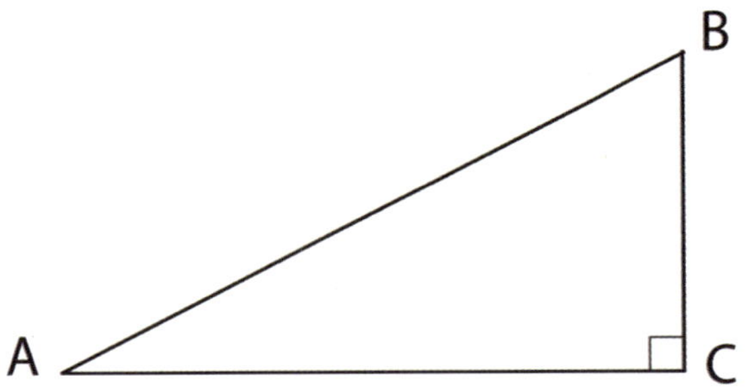

Dans un triangle ABC rectangle en C :
$BC^2 + AC^2 = AB^2$

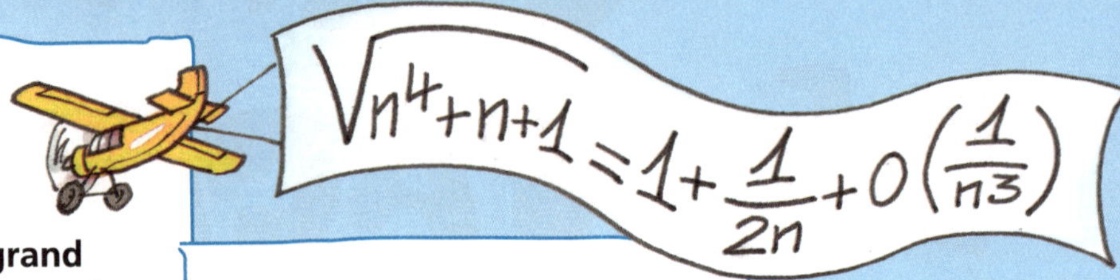

Racine carrée

La racine carrée d'un nombre X vaut A si A x A = X.

On note A = X √

Nombre premier

Nombre entier supérieur à 1, divisible seulement par 1 et par lui-même.
Ex : 2, 3, 5, 7, 11, etc.

Décomposition en facteurs premiers

Décomposer un nombre entier en facteurs premiers, c'est écrire ce nombre sous la forme d'un produit de nombres premiers.

Ex : $35 = 5 \times 7$ ou $75 = 3 \times 5^2$.

Aire (ou surface, ou superficie) d'un triangle

C'est la moitié du produit de la longueur d'une hauteur par la longueur du côté opposé.

Vitesse

C'est le rapport d'une distance d par le temps t mis pour la parcourir.

Si on connaît 2 éléments parmi les 3 cités (V, d, t), il est facile d'en déduire le troisième.

$$V = \frac{d}{t}$$

Temps / Durée

1 jour = 24 heures = 1440 minutes = 86400 secondes

1 heure = 60 minutes = 3600 secondes

1 minute = 60 secondes

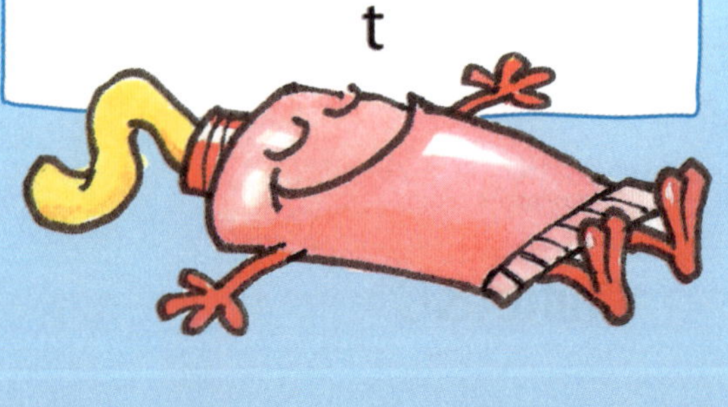

PENSE PAS BÊTE & FRANÇAIS

L'impératif

L'impératif exprime l'ordre ou la défense (fais ci ! fais pas ça !).
Il n'a que 3 personnes grammaticales et le sujet n'est jamais exprimé. Seule difficulté, tous les verbes du 1er groupe et quelques autres (offrir, avoir, vouloir) **ne prennent pas de -s à la 2e personne du singulier** (mange du guacamole et non pas manges, offre des chips et non pas offres) **sauf s'ils sont suivis de en et y** (il reste du guacamole, manges-en, vas-y !).

Le participe passé

Le participe passé des verbes conjugués avec être s'accorde en genre et en nombre avec le sujet *(le problème avec les enfants, c'est qu'ils ne sont pas consignés)*. **Avec avoir, on accorde en genre et en nombre avec le COD seulement si ce dernier précède le verbe** *(Cette femme, Michel Sardou prétend qu'il va l'aimer comme on ne l'a jamais aimée)*.

Les conjonctions

Une conjonction sert à unir deux mots ou deux propositions entres elles. Il existe des conjonctions de coordination (mais, ou, et, donc, or, ni, car) **et des conjonctions de subordination** (que, quand, puisque, etc.).

Remarque : la conjonction ou s'écrit sans accent (elle peut être remplacé par « ou bien »), **contrairement à l'adverbe et le pronom relatif où.**

Les nombres

Vingt et cent prennent un -s quand ils ne sont pas suivis d'un autre nombre (deux cents), **sinon ils sont invariables** (deux cent trois, quatre-vingt-dix). **Mille est toujours invariable, contrairement à million et milliard. On emploie le trait d'union uniquement entre les nombres qui sont inférieurs à cent, lorsqu'ils ne sont pas déjà liés par la conjonction « et »** (soixante-huit étudiants, vingt et un policiers).

Les adjectifs de couleur

En général, l'adjectif de couleur s'accorde avec le nom (une rose blanche), mais il est invariable :

– si c'est un nom commun (des jeans **orange**, une robe **marron**).

– si plusieurs adjectifs remplacent un substantif (ils sont **rouge écarlate**, une culotte **bleu** et **vert**).

– si un second adjectif modifie le premier (une teinte **bleu noirâtre**).

– si l'adjectif suit le mot couleur (j'aime la couleur **bleu**).

La concordance des temps

C'est la relation entre le temps de la proposition principale et celui des subordonnées. En effet, selon le sens voulu, il faut respecter la chronologie :
Je crois que cette fille m'aime/m'aimait/m'aimera.
Les temps composés expriment l'antériorité par rapport à un moment donné (passé ou à venir), mais achevé :
Je t'assure que cette fille a été folle de moi.

& FRANÇAIS

Brevet de dictée

La dictée est tellement à la mode qu'une épreuve lui est consacrée au Brevet des collèges. Avez-vous le niveau ? C'est le moment de vérifier en corrigeant la dictée du jeune René-François au Brevet des collèges 2021. Prenez un stylo rouge et lâchez-vous !

« La nuit, je n'apercevait qu'un peti morceau du ciel et quelque étoiles. Lorsque la lune brillait et qu'elle s'abaissait à l'ocident, j'en étais avertti par ses rayons, qui venait a mon lit aux travert des carreaux losangés de la fenaître. Des chouettes, volletant d'une tour à l'autre, passant et repassant entre la lune et moi, dessinnaient sur mes rideaux l'ombre mobile de leur ailles. Rélégué dans l'endroit le plus désert, a l'ouverture des galleries, je ne perdais pas un murmure des ténébres. Quelquefois, le vent semblait courrir à pas légers ; quelquefois il laissait échapper des pleintes ; tout à coup, ma porte était ébranllée avec violence, les souterrains poussaient des mugissements, puis c'est bruits expirait pour recommencer encore. »

D'après François-René de Chateaubriand, *Mémoires d'outre-tombe*, 1848-1850.
(source : Ministère de l'Éducation nationale)

MATHS

Maths sup, math spé, j'hésite...

N'hésitez plus longtemps et revoyons les bases avec ce quiz 10/10, 100 % mathématiques pour s'échauffer en attendant plus compliqué...

1. **De quoi parle le théorème de Thalès ?**
   a. De la longueur d'une médiane d'un triangle
   b. Des relations de proportionnalité
   c. Des surfaces de triangles

2. **Que représente Z ?**
   a. L'ensemble des nombres décimaux
   b. L'ensemble des entiers relatifs
   c. L'ensembles des entiers naturels

3. **Combien y a-t-il de 0 dans sept cents milliards ?**
   a. 9
   b. 10
   c. 11

4. **Lequel de ces angles est plus petit qu'un angle droit ?**
   a. Un angle plat
   b. Un angle aigu
   c. Un angle obtus

5. **De quoi le produit est-il le résultat ?**
   a. D'une addition
   b. D'une soustraction
   c. D'une multiplication

6. **Combien de minutes y a-t-il dans 3,5 heures ?**
   a. 170
   b. 190
   c. 210

7. **Comment appelle-t-on un polygone à 12 côtés ?**
   a. Un dodécagone
   b. Un décagone
   c. Un dodédoucagone

8. **Combien font 55 x 62 x 1 x 9 x 2 x 0 x 26 x 91 ?**
   a. 102
   b. 46
   c. 0

9. **Comment appelle-t-on une équation impossible ?**
   a. Une équation produit nul
   b. Une équation produit caduc
   c. Une équation toute pourrie

10. **Quel est le côté opposé à l'angle droit dans un triangle rectangle ABC ?**
   a. La médiane
   b. La bissectrice
   c. L'hypoténuse

HISTOIRE

Mais, c'était où déjà ?

Pour ce petit quiz histoire-géo, on se creuse les méninges en se faisant bronzer le dos ! Des événements historiques, il y en a en veux-tu, en voilà… Mais c'était où déjà ? Reliez l'évènement au lieu correspondant.

1. La défaite de Vercingétorix face à Jules César •
2. La victoire de François Ier •
3. L'emprisonnement du capitaine Dreyfus •
4. Le coup d'État de Napoléon Bonaparte •
5. La découverte de Lucy •
6. Le couronnement d'Elisabeth II •
7. Les premiers jeux Olympiques •
8. L'assassinat de Martin Luther King •
9. La mort de Saddam Hussein •
10. Le début de la pandémie Covid-19 •

- • a. Londres
- • b. Wuhan
- • c. Memphis
- • d. Hadar
- • e. Saint-Cloud
- • f. Alésia
- • g. Bagdad
- • h. Île du Diable
- • i. Athènes
- • j. Marignan

CULTURE GÉNÉRALE

Il y a quoi au programme ?

Vous vous souvenez des films sortis il y a dix ans ? Eh bien c'est le moment de le prouver ! Remettez le titre en dessous de chaque affiche de film.

1. ....

2. ....

3. ....

4. ....

5. ....

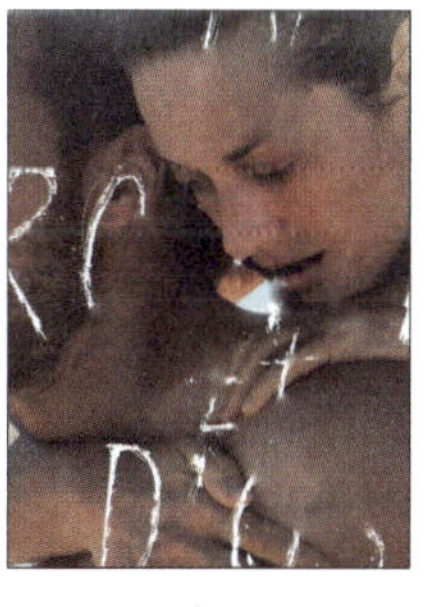

6. ....

7. ....

8. ....

9. ....

10. ....

11. ....

12. ....

LITTÉRATURE

10 ans déjà !

Ces romans sont sortis en 2012, il y a 10 ans. Qu'avez-vous retenu de l'actualité littéraire de l'époque ? Pour le savoir, placez le nom de l'auteur sous le livre correspondant.

Joël Dicker • Philippe Djian • Grégoire Delacourt • Amélie Nothomb • Gilles Legardinier • Scholastique Mukasonga • Jérôme Ferrari • Michel Bussi • Guillaume Musso • Marc Levy • Cécile Coulon • J.K. Rowling.

1.................

2.................

3.................

4.................

5.................

6.................

7.................

8.................

9.................

10.................

11.................

12.................

SCIENCES

Les sciences dans tous les sens

On commence soft avec ce quiz scientifique généraliste pour se chauffer le cerveau progressivement entre une petite sieste et un plouf dans l'océan… Entourez la bonne réponse.

1. Qu'est-ce qu'une molécule ?
a. Un regroupement d'atomes liés entre eux
b. Un regroupement d'atomes désolidarisés
c. Un demi atome

2. Combien y a-t-il d'hémisphères cérébraux chez l'homme ?
a. 2
b. 3
c. 4

3. Quel animal à écailles est suspecté d'avoir transmis le coronavirus à l'homme ?
a. Le galago
b. Le pangolin
c. L'aye-aye

4. Où se trouve la ceinture d'astéroïdes ?
a. Entre Vénus et la Terre
b. Entre Mars et Jupiter
c. Entre Saturne et Mercure

5. À quel niveau se situent les muscles zygomatiques ?
a. Dans le cou
b. Dans les joues
c. Dans les genoux

6. Qui est l'inventeur du stéthoscope ?
a. Manuel Théodore Guillaumet
b. Prudent René Patrice Dagron
c. René Théophile Marie Hyacinthe Laennec

7. Quel est le symbole de l'hélium ?
a. H
b. He
c. Hl

8. Comment appelle-t-on la production excessive de salive ?
a. La sialorrhée
b. La dialorrhée
c. La leucorrhée

9. Quelle est la racine carrée de 250 000 ?
a. 250
b. 500
c. 2 000

10. Comment appelle-t-on un coup de soleil sévère ?
a. Un érythème solaire
b. Une érubescence calcinée
c. Un intertrigo flambé

GÉOGRAPHIE

Landes land holidays

Pour celles et ceux qui aiment beaucoup le vert et beaucoup le bleu, le département des Landes, c'est le must pour des petites vacances en France... Cap sur le sud-ouest du 40 avec ce quiz géographie pour vacances réussies ! Entourez la bonne réponse.

1. **Quelle est la préfecture des Landes ?**
   a. Dax
   b. Bayonne
   c. Mont-de-Marsan

2. **Quelle est la sous-préfecture ?**
   a. Dax
   b. Soorts-Hossegor
   c. Toulouzette

3. **De combien de communes est composé le département ?**
   a. 127
   b. 227
   c. 327

4. **Que parle-t-on dans les Landes ?**
   a. Le gascon
   b. Le basque
   c. Le landais

5. **Quelle est la superficie du département ?**
   a. 9 243 km^2
   b. 10243 km^2
   c. 12243 km^2

6. **Dans quelle région se situent les Landes ?**
   a. En Occitane
   b. En Nouvelle-Aquitaine
   c. En Midi-Pyrénées

7. **Quelle est la longueur de la plage landaise ?**
   a. 56 km
   b. 86 km
   c. 106 km

8. **Comment s'appelle le terroir du sud du département, fief de la production de foie gras ?**
   a. La Chabosse
   b. La Chacosse
   c. La Chalosse

9. **Quelle est la superficie de la forêt des Landes de Gascogne ?**
   a. 130 000 ha
   b. 1 300 000 ha
   c. 11 300 000 ha

10. **Sur quelle plage hossegorienne peut-on surfer en toute tranquillité ?**
   a. Les Culs-Nus
   b. Les Tout-Nus
   c. Les Sans-Slip

CULTURE GÉNÉRALE

Le centenaire de Gardner !

Cette année, on célèbre les 100 ans de la naissance d'Ava Gardner. C'est l'occasion de rendre hommage à cette icône du cinéma hollywoodien et de revenir sur les moments forts de sa carrière ! Entourez la bonne réponse.

1. **En quelle année Ava Gardner signe-t-elle un contrat avec la MGM ?**
   a. 1941
   b. 1947
   c. 1951

2. **Quel était l'un de ses défauts majeurs lors de ses premiers essais ?**
   a. Sa timidité
   b. Son fort accent
   c. Son langage très familier

3. **Quel film a été le premier grand succès d'Ava Gardner ?**
   a. *Les Tueurs*
   b. *Tragique rendez-vous*
   c. *Pandora*

4. **Pour quel film est-elle nommée pour l'Oscar de la meilleure actrice ?**
   a. *Le Dernier rivage*
   b.. *La Nuit de l'iguane*
   c. *Mogambo*

5. **Quel est le nom de son personnage dans le film *La Comtesse aux pieds nus* ?**
   a. Maria Vargas
   b. Marta Vegas
   c. Maria Vartas

6. **Ava Gardner a joué dans trois films tirés des romans de quel auteur célèbre ?**
   a. John Steinbeck
   b. Ernest Hemingway
   c. William Faulkner

7. **En 1954, Ava Gardner décide de quitter les États-Unis pour s'installer dans quel pays européen ?**
   a. Le Royaume-Uni
   b. L'Italie
   c. L'Espagne

8. **Dans quel film obtient-elle son dernier grand rôle ?**
   a. *Les 55 Jours de Pékin*
   b. *La Nuit de l'iguane*
   c. *La Croisée des destins*

9. **En quelle année se retire-t-elle définitivement des écrans ?**
   a. 1979
   b. 1984
   c. 1987

10. **Quelle place occupe-t-elle dans le classement des plus grandes stars de cinéma féminines de L'American Film Institute ?**
   a. La 17e place
   b. La 25e place
   c. La 42e place

BÉBEL FOREVER

De la Nouvelle Vague au cinéma populaire, Jean-Paul Belmondo restera à jamais un acteur majeur du cinéma français. Bébél a tourné dans plus de quatre-vingts films en soixante ans de carrière… et c'est à jouer !

1. Pour commencer, un petit quiz sur la vie de notre Jean-Paul Belmondo national ! Entourez la bonne réponse.

1. En quelle année Jean Paul Belmondo est-il né ?
- **a.** 1930
- **b.** 1933

2. Où les parents de Jean-Paul Belmondo se sont-ils rencontrés ?
- **a.** À l'école nationale des beaux-arts de Paris
- **b.** Sur le pont des Arts, à Paris

3. 1960 est l'année de la révélation pour Jean-Paul Belmondo, quel film remporte un triomphe auprès du public et de la critique ?
- **a.** *À bout de souffle*
- **b.** *Un singe en hiver*

4. Dans combien de films Jean-Paul Belmondo a-t-il tourné au cours des années 60 ?
- **a.** 27
- **b.** 34

5. Avec quelle actrice partage-t-il l'affiche de Pierrot le fou ?
- **a.** Anna Karina
- **b.** Ursula Andress

6. Pour quel sport Jean-Paul Belmondo se passionne-t-il ?
- **a.** L'escrime
- **b.** La boxe

7. qui sont les enfants de Jean-Paul Belmondo ?
- **a.** Victor, Florence, Paul et Stella
- **b.** Patricia, Florence, Paul et Stella

8. Laquelle de ces distinctions n'a pas reçu Jean-Paul Belmondo en 2017 ?
- **a.** Grand officier de la Légion d'honneur
- **b.** Grand officier de l'ordre national du Mérite

9. En quelle année reçoit-il lors du Festival de Cannes une Palme d'honneur pour l'ensemble de sa carrière ?
- **a.** 2008
- **b.** 2011

10. C'est en septembre 2021 que disparaît l'icône du cinéma français… où est-il enterré ?
- **a.** Au cimetière du Montparnasse
- **b.** Au cimetière du Père Lachaise

2. Reliez les répliques cultes de Bébel au film correspondant.

« Vous savez quelle différence il y a entre un con et un voleur ? Un voleur, de temps en temps, ça se repose. » •

« Si vous n'aimez pas la mer, si vous n'aimez pas la montagne, si vous n'aimez pas la ville… allez vous faire foutre ! » •

« Si la connerie n'est pas remboursée par les assurances sociales, vous finirez sur la paille. » •

« On partage toujours la merde, jamais le pognon. » •

« Je sais bien que t'as pas buté l'autre imbécile ! Mais t'en as fait flinguer d'autres ! Si on rajoute à ça le racket, la drogue, les putes, ça fait une jolie carrière quand même ! Les vingt ans que tu vas prendre, c'est un peu la médaille du travail qu'on va te remettre. » •

« Le meilleur moyen de faire croire que tu connais tout, c'est de ne jamais avoir l'air étonné. Parce que toi, tu as souvent l'air étonné, c'est un défaut (...) C'est étonnant mais ça doit pas t'étonner. » •

• *À bout de souffle*, de Jean-Luc Godard (1960)

• *Cent mille dollars au soleil*, d'Henri Verneuil (1964)

• *Flic ou voyou*, de Georges Lautner (1979)

• *Itinéraire d'un enfant gâté*, de Claude Lelouch (1988)

• *Le Guignolo*, de Georges Lautner (1960)

• *Un singe en hiver*, d'Henri Verneuil (1962).

3. Jean-Paul Belmondo a une carrière impressionnante ! Saurez-vous trouver l'année de sortie de cette sélection de films ? Entourez la bonne réponse.

1. ***Les Copains du dimanche*, de Henri Aisner.**
   a. 1955
   b. 1957
2. ***Léon Morin, prêtre*, de Jean-Pierre Melville.**
   a. 1960
   b. 1961
3. ***Cartouche*, de Philippe de Broca.**
   a. 1962
   b. 1963
4. ***L'Homme de Rio*, de Philippe de Broca.**
   a. 1964
   b. 1965
5. ***Pierrot le Fou*, de Jean-Luc Godard.**
   a. 1965
   b. 1966
6. ***La Sirène du Mississipi* de François Truffaut.**
   a. 1968
   b. 1969
7. ***Le Magnifique*, de Philippe de Broca.**
   a. 1971
   b. 1973
8. ***Peur sur la ville*, d'Henri Verneuil.**
   a. 1975
   b. 1978
9. ***Le Professionnel*, de Georges Lautner.**
   a. 1890
   b. 1981
10. ***Un homme et son chien*, de Francis Huster.**
    a. 2005
    b. 2008.

4. Sur ces affiches, les titres de ces films dans lesquels Belmondo a joué ont été effacés, votre mission : les retrouver !

1........................... 2........................... 3........................... 4........................... 5........................... 6...........................

7........................... 8........................... 9........................... 10........................... 11........................... 12...........................

FRANÇAIS

Vocabulaire montagnard

« Que la montagne est belle » chantait Jean Ferrat. Si vous envisagez d'y passer l'été pour profiter de l'air frais, vous pouvez d'ores et déjà vous préparer à utiliser le vocabulaire adéquat. Prenez de la hauteur avec votre dictionnaire pour atteindre les sommets : reliez le bon mot à la bonne définition.

1. Orogenèse •
2. Ubac •
3. Étagement •
4. Moraine •
5. Ballon •
6. Cirque •
7. Affluent •
8. Trekking •
9. Rimaye •
10. Torrent •
11. Coteau •
12. Aiguille •

- • A. Cours d'eau de montagne, à débit rapide et irrégulier, de faible longueur
- • B. Sommet pointu
- • C. Vallée de montagnes qui s'élargit et prend une forme arrondie
- • D. Cours d'eau qui se jette dans un autre
- • E. Espace en pente situé généralement sur les flancs d'une petite colline ou en rebord d'un plateau
- • F. Profonde crevasse qui sépare un glacier et ses parois rocheuses
- • G. Formation des chaînes de montagne
- • H. Modification de la végétation selon l'altitude
- • I. Amas de blocs et de débris rocheux détachés d'un glacier
- • J. Randonnée de plusieurs jours
- • K. Forme de relief de montagne, lourde et massive, liée à l'érosion d'un massif ancien
- • L. Versant nord d'une montagne ou colline

MATHS

Calcul mental

Faites chauffer vos neurones avec ce petit exercice de calcul mental… Pour cela, il vous suffit de remplir le plus rapidement possible ces opérations à trous. Calculatrice interdite, évidemment, mais ça va mieux en le disant !

a. $-50 \div (-10) =$ ……

b. $-9 + ($……$) = -14$

c. $4 \times (-7) =$ ……

d. $-7 \times$ …… $= -28$

e. $-12 \div (-6) =$ ……

f. …… $\div 9 = 8$

g. $56 \div$ …… $= 7$

h. $-48 \div 8 =$ ……

i. $-16 - (-6) =$ ……

j. …… $+(-5) = -11$

k. $9 \times (-7) =$ ……

l. …… $\div (-8) = 9$

m. $54 \div (-6) =$ ……

n. $7 \times (-7) =$ ……

o. …… $\div 4 = -8$

HISTOIRE

Dear dead Diana

Cet été, on commémore les vingt-cinq ans de la mort de la plus bath de toutes les princesses. Sa disparition, en 1997, est un drame pour la monarchie britannique et s'inscrit comme un véritable événement historique. Coup de rétro sur Lady Di avec un quiz entre histoire et success story !

1. **Qu'est-ce qui a provoqué la mort de Lady Di ?**
   a. Un accident d'hélicoptère
   b. Un accident d'avion
   c. Un accident de voiture

2. **Quelle est la date de son décès ?**
   a. Le 30 juin 1997
   b. Le 31 juillet 1997
   c. Le 31 août 1997

3. **De quel prince de la famille royale est-elle l'épouse ?**
   a. Le prince Philip
   b. Le prince Andrew
   c. Le prince Charles

4. **Contre quoi se bat la princesse ?**
   a. La pauvreté, le sida et les mines antipersonnel
   b. Les inégalités, le dérèglement climatique et la cause animale
   c. Les violences faites aux femmes, la faim dans le monde et la course aux armements

5. **Quel est le titre exact de Diana ?**
   a. Princesse de Cambridge
   b. Princesse de Galles
   c. Princesse de Windsor

6. **Qui est son amant présent lors de l'accident ?**
   a. Hasnat Khan, un chirurgien britannique d'origine pakistanaise
   b. Dodi Al-Fayed, un producteur de films égyptien
   c. Barry Mannakee, son garde du corps

7. **Où a lieu l'accident ?**
   a. Dans le tunnel du pont d'Arcole
   b. Dans le tunnel du pont de l'Alma
   c. Dans le tunnel du pont d'Avignon

8. **Quand est diffusée son interview choc à l'émission *Panorama* sur la BBC ?**
   a. Le 19 novembre 1994
   b. Le 20 novembre 1995
   c. Le 21 novembre 1996

9. **Par qui est-elle poursuivie le soir de sa mort ?**
   a. Des bandits
   b. Des zombies
   c. Des paparazzis

10. **Combien de personnes sont présentes lors de ses funérailles ?**
    a. 500 000
    b. 1,5 million
    c. 3 millions

CULTURE GÉNÉRALE

Musique Maestro !

Classique, jazz, rock… en France qu'importe le genre, on adore la musique. Tellement que l'on a une cérémonie pour récompenser ceux qui la font : Les Victoires de la musique. Revoyons un peu nos connaissances sur cet événement rythmé, qui rassemble tant d'artistes, dans cet exercice de vrai ou faux. Entourez la bonne réponse.

1. **Les Victoires de la Musique ont été créées en 1985.**
   Vrai Faux

2. **Le succès commercial est un facteur d'éligibilité.**
   Vrai Faux

3. **Michel Drucker fut le premier présentateur des Victoires de la Musique.**
   Vrai Faux

4. **Les Victoires de la Musique ont été créées à l'initiative de Jack Lang.**
   Vrai Faux

5. **La cérémonie ne récompense que la musique de variétés.**
   Vrai Faux

6. **Les catégories peuvent changer d'une année sur l'autre.**
   Vrai Faux

7. **Johnny Hallyday a reçu 13 Victoires de la Musique.**
   Vrai Faux

8. **Florent Pagny a été le président d'honneur de la cérémonie en 2015.**
   Vrai Faux

9. **La cérémonie des Victoires de la Musique se déroule toujours en février.**
   Vrai Faux

10. **Laurent Voulzy a reçu la Victoire de la chanson originale en 1986 pour sa chanson *Belle-Île-en-Mer*.**
    Vrai Faux

LITTÉRATURE

Molière

Si la langue française est également appelée « la langue de Molière » ce n'est pas pour rien… depuis le XVIIe siècle, les comédies du célèbre dramaturge n'ont pas pris une ride ! C'est à votre tour d'entrer en scène pour lui rendre hommage : prenez votre plus belle plume et testez vos connaissances sur sa vie et son œuvre.

1. Quel est le véritable nom de Molière ?
a. Jean Poquelin
b. Jean-Baptiste Poquelin
c. Jean-Louis Poquelin

2. À quel mouvement littéraire et artistique appartient-il ?
a. Le classicisme
b. Le baroque
c. La préciosité

3. Quel est le nom de sa première troupe de théâtre ?
a. La troupe de Monsieur
b. La troupe du Palais-Royal
c. L'Illustre Théâtre

4. De quel roi était-il l'auteur favori ?
a. Louis XIII
b. Louis XIV
c. Louis XV

5. Quel est le nom de son épouse ?
a. Armande Béjart
b. Madeleine Béjart
c. Marie Béjart

6. « Que diable allait-il faire dans cette galère ? » De quelle pièce cette phrase est-elle extraite ?
a. *L'Avare*
b. *Le Médecin malgré lui*
c. *Les Fourberies de Scapin*

7. Quelle pièce de Molière n'a pas été un succès ?
a. *Dom Garcie de Navarre*
b. *Le Dépit amoureux*
c. *Les Fâcheux*

8. Comment s'appelle le héros de la pièce *Le Misanthrope* ?
a. Harpagon
b. Alceste
c. Sganarelle

9. Quelle pièce a été jugée scandaleuse à sa sortie ?
a. *Dom Juan*
b. *Le Tartuffe*
c. *L'École des femmes*

10. Quelle est la dernière pièce écrite et jouée par Molière ?
a. *Les Femmes savantes*
b. *Le Bourgeois gentilhomme*
c. *Le Malade imaginaire*

SCIENCES

Happy birthday Louis Pasteur !

Il y a 200 ans naissait Louis Pasteur, chimiste, physicien et superstar du vaccin… Ses découvertes, aussi nombreuses que précieuses, ont révolutionné la science et mis à mal les maladies infectieuses. Prêts pour la piquouze ? Entourez la bonne réponse.

1. Où est né Louis Pasteur ?
a. À Marseille
b. À Dole
c. À Paris

2. De quoi est-il le pionnier ?
a. De la physique quantique
b. De l'astrophysique
c. De la microbiologie

3. Quel vaccin a-t-il créé en 1885 ?
a. Le vaccin contre la rage
b. Le vaccin contre le choléra des poules
c. Le vaccin contre la variole des vaches

4. De quel type est le vaccin contre la rage ?
a. Antitétanique
b. Antirabique
c. Antigénique

5. Sur quoi Louis Pasteur teste-t-il, pour la première fois, le procédé de pasteurisation ?
a. Sur le vin
b. Sur le lait
c. Sur le fromage

6. En quelle année est-il fait chevalier de la légion d'honneur ?
a. En 1847
b. En 1850
c. En 1853

7. Dans la conservation de quel alcool Pasteur joue-t-il un rôle prépondérant ?
a. La bière
b. Le rhum
c. Le whisky

8. En quel année est inauguré l'Institut Pasteur ?
a. En 1866
b. En 1888
c. En 1902

9. Quelle est la température de pasteurisation ?
a. 52°C
b. 72°C
c. 122°C

10. À quel âge décède Louis Pasteur ?
a. 32 ans
b. 52 ans
c. 72 ans

GÉOGRAPHIE

Bienvenue en Asie !

L'Asie est composée de 54 pays au total, soyez rassuré on ne va pas vous interroger sur tous les drapeaux du continent... seulement 12 ! Mettez le nom du pays sous le drapeau correspondant.

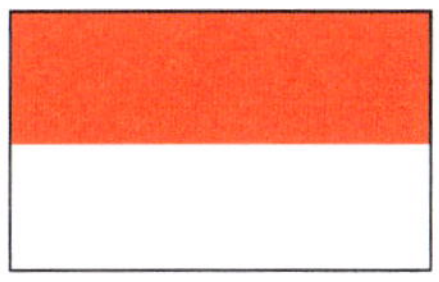

1.............................. 2.............................. 3.............................. 4.............................. 5.............................. 6..............................

7.............................. 8.............................. 9.............................. 10.............................. 11.............................. 12..............................

CULTURE GÉNÉRALE

Un petit pas pour l'homme...

Le célèbre astronaute Neil Armstrong est décédé le 25 août 2012, cela fait donc dix ans cette année que le premier homme qui a marché sur la Lune est mort. C'est l'occasion de revenir sur sa carrière et ses exploits. Choisissez la bonne réponse parmi les trois propositions.

1. **À quelle date Neil Armstrong marche-t-il pour la première fois sur la Lune ?**
   a. 11 juillet 1969
   b. 21 juillet 1969
   c. 31 juillet 1969

2. **Comment s'appelle le copilote de Neil Armstrong durant la mission lunaire de 1969 ?**
   a. Buzz L'éclair
   b. Buzz Aldrin
   c. Buzz Medal

3. **Où Neil Armstrong a-t-il fait ses études ?**
   a. L'Institut de technologie du Massachusetts
   b. Université de Purdue
   c. Université de Cambrige

4. **À quelle autre mission spatiale Neil Armstrong a-t-il participé ?**
   a. Gemini 8
   b. Mercury-Atlas 6
   c. Vega 11

5. **Combien de temps ont passé Neil Armstrong et son copilote sur la Lune la première fois ?**
   a. 24h30 min
   b. 22h26 min
   c. 21h36 min

6. **Quand Neil Armstrong a-t-il démissionné de la NASA ?**
   a. 1971
   b. 1975
   c. 1977

7. **Quel poste a occupé Neil Armstrong après avoir démissionné de la NASA ?**
   a. Retraité
   b. Gouverneur
   c. Professeur

8. **Combien de temps Neil Armstrong a-t-il passé dans la marine ?**
   a. 3 ans
   b. 5 ans
   c. 7 ans

9. **À quelle guerre Neil Armstrong a-t-il participé en tant que pilote ?**
   a. La guerre du Vietnam
   b. La Seconde Guerre mondiale
   c. La guerre de Corée

10. **Quel président américain a remis une médaille d'honneur du Congrès à Neil Armstrong ?**
   a. Barack Obama
   b. Jimmy Carter
   c. George W. Bush

JEUX DE LETTRES

Suivez les consignes à la lettre et ça devrait passer comme une lettre à la poste !

1. Les mots coupés

Dans cette grille, des mots de six lettres ont été coupés ! À vous de les assembler comme bon vous semble pour reconstituer au moins 20 mots. À vos stylos !

AVI	BRA	CLI	CRE
INE	ISE	ITE	MAT
MER	NAR	OLE	PRI
RAT	SER	VAL	VER

2. Anagrammes

Mélangez les lettres des mots ci-dessous pour former un autre mot ! Un indice : les mots à trouver sont tous des noms de ville française !

GOBEURS : ....

CINÉ : ....

PRISA : ....

MISER : ....

ACNÉ : ....

NÉANTS : ....

SCANNE : ....

REMAILLES : ....

ENGLOBER : ....

GANSER : ....

3. Lettres mélangées

Les lettres ci-dessous ont été mélangées, pour chaque groupe de lettres essayez de reconstituer un maximum de mots !

a. Avec les lettres : A – B – C – D – J – O – P – R – E – I

* TROUVEZ AU MOINS 4 MOTS DE 7 LETTRES :

* TROUVEZ AU MOINS 5 MOTS DE 6 LETTRES :

* TROUVEZ AU MOINS 6 MOTS DE 5 LETTRES :

b. Avec les lettres : L – F – V – P – R – S – T – G – A – E

* TROUVEZ AU MOINS 4 MOTS DE 6 LETTRES :

* TROUVEZ AU MOINS 5 MOTS DE 5 LETTRES :

* TROUVEZ AU MOINS 6 MOTS DE 5 LETTRES :

c. Avec les lettres : P – K – R – O – U – G – A – E – B

* TROUVEZ AU MOINS 4 MOTS DE 6 LETTRES :

* TROUVEZ AU MOINS 5 MOTS DE 5 LETTRES :

* TROUVEZ AU MOINS 6 MOTS DE 4 LETTRES :

4. Les mots coupés

Dans cette grille, des mots de six lettres ont été coupés ! À vous de les assembler comme bon vous semble pour reconstituer au moins 20 mots. À vos stylos !

CHE	COU	COL	DIE
DRE	LER	GEN	MIS
MOU	PLE	PER	SAN
SEL	TIL	SOU	TOR

FRANÇAIS

Quiz 20/20

Petit test d'orthographe : entourez le mot orthographié correctement dans cette liste de 20 pièges !

Un **ou** une opinion
Avoir à faire à **ou** avoir affaire à
Milieu **ou** millieu
Moufle **ou** mouffle
Imbécilité **ou** imbécillité
Nourir **ou** nourrir
Un **ou** une entracte
Une année sabbatique **ou** sabatique
Vraissemblable **ou** vraisemblable
Rabat-joie **ou** rabat joie
Des garde-fous **ou** gardes-fous
Hâche **ou** hache
Vouvoiement **ou** vouvoiment
Pachyderme **ou** pachiderme
Filigrame **ou** filigrane
Nénufar **ou** nénuphar
Suffisamment **ou** suffisament
Joaillier **ou** joailler
Pourir **ou** pourrir
Un satyre **ou** un satire

MATHS

Le sens de la formule

Il est certain qu'à un moment de votre scolarité vous avez appris par cœur les formules pour calculer les périmètres, les aires et les volumes… Mémoire d'éléphant ou pas, il est temps de voir s'il vous reste quelques souvenirs en mettant en face de chaque formule la figure géométrique qui convient !

Les périmètres

$p = 4 \times c$ => ……………………………………
$p = c_1 + c_2 + c_3$ => ……………………………………
$p = 2 \times (L + l)$ => ……………………………………
$p = 2 \times \varpi \times R$ => ……………………………………

Les aires

$A = b \times h$ => ……………………………………
$A = \varpi \times R^2$ => ……………………………………
$A = c^2$ => ……………………………………
$A = L \times l$ => ……………………………………

Les volumes

$V = \varpi \times R2 \times h$ => ……………………………………
$V = c3$ = ……………………………………
$V = L \times l \times h$ => ……………………………………
$V = 4/3 \times \varpi \times R^3$ => ……………………………………

HISTOIRE

Happy Blumday

Si Léon Blum était encore vivant, il aurait eu 150 ans cette année ! Ça vous en bouche un coin, hein ? Retour sur une figure politique phare de l'entre-deux guerres, on ne peut plus familière avec le Front Populaire. Entourez la bonne réponse.

1. Quand est né Léon Blum ?
a. Le 9 avril 1872
b. Le 11 avril 1882
c. Le 13 avril 1892

2. À quelle mouvance politique appartient-il ?
a. Au communisme
b. Au fascisme
c. Au socialisme

3. Quel parti politique dirige-t-il ?
a. Le RPR
b. Le PCF
c. La SFIO

4. En quelle année le Front Populaire arrive-t-il au pouvoir en France ?
a. En 1924
b. En 1936
c. En 1949

5. De quelle réforme sociale le Front Populaire est-il l'initiateur ?
a. L'assurance chômage
b. Le droit de vote aux femmes
c. Les deux semaines de congés payés pour tous les salariés

6. Quels sont les partis qui composent le Front Populaire ?
a. Le Parti communiste, le Parti radical, la SFIO
b. La SFIO, le Parti radical, le centre droit
c. Le parti communiste, le Parti radical, le Parti démocrate-chrétien

7. Parmi ces ouvrages, lequel est de Léon Blum ?
a. *À l'échelle humaine*
b. *Les Choses humaines*
c. *La France n'a pas dit son dernier mot*

8. Sous quel ancien président Léon Blum préside-t-il le Conseil des ministres français ?
a. Paul Doumer
b. Gaston Doumergue
c. Albert Lebrun

9. Combien de femmes sont nommées sous-secrétaires d'État au gouvernement de Léon Blum ?
a. 0 (Ça va pas ou quoi ?)
b. 1 (Pas mal mais peut mieux faire…)
c. 3 (Une grande première !)

10. En quelle année décède-t-il à Jouy-en-Josas ?
a. En 1949
b. En 1950
c. En 1951

CULTURE GÉNÉRALE

You are a dancing queen

En 2022 Meryl Streep, l'une des actrices les plus récompensées du cinéma anglophone, fêtera ses 73 ans. Revenons un peu sur sa carrière avec ce quiz à choix multiples, une seule est correcte !

1. Avec quel rôle Meryl Streep obtient son premier Oscar ?
a. Joanna Kramer, *Kramer contre Kramer*
b. Donna Sheridan, *Mamma Mia*
c. Miranda Priestly, *Le diable s'habille en Prada*

2. Dans laquelle de ces comédies musicales Meryl Streep n'a pas joué ?
a. *Into The Woods*
b. *The Prom*
c. *Pitch Perfect*

3. En quelle année est sorti le film *Le Choix de Sophie* en France ?
a. 1965
b. 1983
c. 1995

4. Avec qui partage-t-elle l'affiche de *Sur la route de Madison* ?
a. Clint Eastwood
b. Robert de Niro
c. Hugh Grant

5. Qui interprète Meryl Streep dans le film *La Dame de fer* ?
a. Margaret Thatcher
b. Carol Thatcher
c. Elizabeth II

6. Quel est le nom de naissance de Meryl Streep ?
a. Merida Streep
b. Mary Louise Streep
c. Meryl Streep

7. Dans quel film Meryl Streep interprète-t-elle le personnage de Lee Lacker ?
a. *Simples Secrets*
b. *Julie et Julia*
c. *Out of Africa*

8. Quel film Meryl Streep a doublé elle-même en France ?
a. *The Post*
b. *Les quatre filles du Docteur March*
c. *Le choix de Sophie*

9. En quelle année Meryl reçoit-elle le prix d'interprétation féminine au festival de Cannes pour son rôle dans le film *Le cri dans la nuit* ?
a. 2000
b. 1995
c. 1989

10. Dans le film *Don't look up !*, quel rôle Meryl Streep tient-elle ?
a. Une astrobiologiste
b. La présidente des États-Unis
c. Une journaliste de télévision

LITTÉRATURE

Personnages littéraires

Qu'on les aime ou qu'on les déteste, une chose est sûre, sans eux l'histoire n'aurait pas été la même ! C'est parti pour un petit florilège des personnages de la littérature française : reliez chaque personnage à son œuvre littéraire.

1. Ariane •
2. Phileas Fogg •
3. Colin •
4. Homais •
5. Eugène de Rastignac •
6. Agnès •
7. Frédéric Moreau •
8. Louise de Rênal •
9. Gwynplaine •
10. Chimène •
11. Harpagon •
12. Le duc de Nemours •
13. Étienne Lantier •
14. Laurent •
15. Meursault •

- *Le Rouge et le Noir*
- *L'École des femmes*
- *La Princesse de Clèves*
- *L'Avare*
- *Germinal*
- *Madame Bovary*
- *Thérèse Raquin*
- *Le Tour du monde en quatre-vingts jours*
- *L'Homme qui rit*
- *L'Éducation sentimentale*
- *L'Étranger*
- *L'Écume des jours*
- *Le Père Goriot*
- *Belle du Seigneur*
- *Le Cid*

SCIENCES

Gretactiviste

On peut dire que, pour une jeune activiste qui se bat contre le réchauffement climatique, Greta Thunberg n'a franchement pas froid aux yeux… Plein feu sur l'activiste écolo et ses combats environnementaux !

1. De quelle origine est Greta Thunberg ?
a. Danoise
b. Suédoise
c. Finlandaise

2. Que lance Greta Thunberg en 2018 ?
a. Un mouvement mondial de grèves scolaires
b. Des glaçons sur le bitume
c. Une bombe sur le Parlement

3. Que demande Greta Thunberg au gouvernement suédois ?
a. De l'inclure au sein du gouvernement
b. D'arrêter de manger de la viande
c. De réduire les émissions de dioxyde de carbone d'origine anthropique

4. Où va la majorité du CO_2 émis par l'Homme ?
a. Dans l'atmosphère
b. Dans la biomasse
c. À la poubelle

5. En fondant, quel type de glace entraîne une montée des eaux ?
a. La banquise
b. La neige
c. Les glaciers de montagne

6. Quel glacier européen menace-t-il de s'effondrer ?
a. Le glacier d'Aletsch en Suisse
b. Le glacier du Planpincieux en Italie
c. Le glacier d'Engabreen en Norvège

7. À quel âge Greta Thunberg commence-t-elle à s'intéresser au climat ?
a. 3 ans
b. 9 ans
c. 15 ans

8. En quelle année le magazine *Times* lui décerne le titre de personnalité de l'année ?
a. En 2019
b. En 2020
c. En 2021

9. Quel est le seul pays à respecter les promesses de l'Accord de Paris en 2021 ?
a. La France
b. La Suède
c. La Gambie

10. Quel âge a Greta Thunberg en cette année 2022 ?
a. 17 ans
b. 18 ans
c. 19 ans

GÉOGRAPHIE

Capitales du monde

C'est parti pour un tour du monde en 80 secondes ! Saurez-vous associer la capitale à sa photo ?

A. Amsterdam • B. Athènes • C. Canberra • D. Dakar • E. Hanoï • F. La Havane • G. Ottawa • H. Séoul • I. Stockholm

1............................

2............................

3............................

4............................

5............................

6............................

7............................

8............................

9............................

CULTURE GÉNÉRALE

Vive la République et vive la France !

2022 c'est la Coupe du monde de football mais c'est aussi les élections présidentielles ! C'est sur l'élection préférée des Français que se penche ce quiz.

1. Quelle condition le candidat n'est pas obligé de remplir pour se présenter aux élections présidentielles ?
a. Être de nationalité française
b. Posséder un compte bancaire de campagne
c. Avoir au moins 55 ans

2. Quel candidat représente le Nouveau Parti anticapitaliste ?
a. Philippe Poutou
b. Jean Lassalle
c. Nathalie Arthaud

3. Quelle est la durée d'un mandat présidentiel ?
a. 4 ans
b. 7 ans
c. 5 ans

4. Face à qui le président Emmanuel Macron était-il opposé au deuxième tour des élections en 2017 ?
a. Marine Le Pen
b. Jean-Luc Mélenchon
c. Xavier Bertrand

5. Que se passe-t-il si un candidat décède avant les élections du premier tour ?
a. L'élection est maintenue
b. L'élection est reportée
c. Rien du tout

6. Combien de signatures de maires faut-il recueillir pour se présenter aux élections présidentielles ?
a. 300
b. 500
c. 700

7. Quel est le mode de scrutin pour l'élection présidentielle ?
a. Le scrutin uninominal à deux tours
b. Le scrutin uninominal à un tour
c. Le scrutin proportionnel mixte

8. Combien y avait-il d'inscrits sur les listes électorales de 2017 ?
a. 66 millions
b. 55 millions
c. 47 millions

9. En quelle année est né Emmanuel Macron ?
a. 1981
b. 1977
c. 1960

10. Quel parti est représenté par Fabien Roussel ?
a. Parti communiste français
b. La voix du peuple
c. Union populaire républicaine

LES FEMMES DANS L'HISTOIRE N°1

Elles sont militantes, écrivaines, championnes, médecins : découvrez quatre femmes qui ont marqué l'Histoire à travers quatre quiz.

1. Annette Kellerman

Annette Kellerman, vous connaissez ?
C'est parti pour un quiz sur cette formidable battante.

1. **Quels métiers a exercé Annette Kellerman ?**
   a. Nageuse et actrice
   b. Capitaine de bateau et chanteuse
2. **Quel exploit a-t-elle réalisé ?**
   a. Traverser Londres et Paris à la nage
   b. Courir un marathon réservé aux hommes
3. **En quelle année est-elle née ?**
   a. 1884
   b.1886
4. **Pourquoi a-t-elle été arrêtée ?**
   a. Pour avoir participer à une manifestation
   b. Pour avoir porté une combinaison de maillot de bain moulante à manches courtes sur la plage
5. **De quel sport est-elle à l'origine ?**
   a. La natation synchronisée
   b. La pétanque
6. **Que commercialise-t-elle ?**
   a. Un combi-short de maillot de bain
   b. Des claquettes
7. **Pourquoi Annette Kellerman apprend-t-elle à nager ?**
   a. Pour fortifier les muscles atrophiés de ses jambes
   b. Pour s'amuser
8. **Pourquoi a-t-elle fait scandale dans le film *Fille des dieux* ?**
   a. Elle apparaît habillée en homme
   b. On la voit complètement nue

2. Joséphine Baker

Plus qu'une artiste, une militante désormais au Panthéon.
Vous connaissez Joséphine Baker ? Voilà un quiz pour en apprendre plus.

1. **Quand est née Joséphine Baker ?**
   a. 1916
   b. 1906
2. **Pour quelles raisons devient-elle chevalière de la Légion d'honneur ?**
   a. Ses numéros de danse
   b. Son engagement dans la Résistance.
3. **Quel grade atteint-elle dans l'armée de l'air ?**
   a. Sous-lieutenant
   b. Capitaine
4. **En quelle année obtient-elle la nationalité française ?**
   a. 1945
   b. 1937
5. **Combien d'enfants Joséphine Baker a-t-elle adoptés ?**
   a. 8
   b. 12
6. **Dans quelle association est-elle engagée pour lutter contre le racisme ?**
   a. La Ligue Internationale Contre le Racisme (LICA)
   b. Black Panther
7. **Quand a eu lieu l'entrée de Joséphine Baker au Panthéon ?**
   a. 30 novembre 2021
   b. 22 août 2021
8. **Que fait Joséphine Baker lors de la Marche sur Washington pour l'emploi et la liberté ?**
   a. Elle danse
   b. Elle prononce un discours auprès de Martin Luther King

3. Margaret Ann Bulkley ou James Barry

Est-ce que le nom de Magaret Ann Bulkley vous dit quelque chose ? Non ? Et celui de James Barry ? C'est une seule et même personne. Ce quiz vous permettra d'en apprendre plus sur cette femme.

1. **Pour quelles raisons Margaret Ann Bulkley a-t-elle pris l'identité d'un homme ?**
   a. Devenir médecin
   b. Ne pas se marier

2. **Vers quelle année est née Margaret Ann Bulkley ?**
   a. Vers 1855
   b. Vers 1789

3. **Combien de temps Margaret Ann Bulkley a passé dans la peau d'un homme ?**
   a. 5 ans
   b. 56 ans

4. **Quel métier exerçait James Barry ?**
   a. Chirurgien militaire
   b. Commandant des armées

5. **En quelle année l'armée britannique révèle le sexe de James Barry ?**
   a. 2002
   b. 1950

6. **Quel exploit a réalisé James Barry alias Margaret Ann Bulkley ?**
   a. Une césarienne sans mort de la mère en Afrique
   b. Le tour du monde

7. **Quel domaine arrive à faire avancer Margaret Ann Bulkley ?**
   a. L'hygiène dans le milieu médical
   b. La mécanique

8. **Quelle réputation a James Barry à l'époque ?**
   a. D'être gentil et souriant
   b. D'être froid et intraitable

4. Olympe de Gouges

Une pionnière du féminisme, une femme de lettres, une figure incontournable. Quiz pour connaître Olympe de Gouges.

1. **Quel est le vrai nom d'Olympe de Gouges ?**
   a. Marie Gouze
   b. Ophélie Gouges

2. **Quand est née Olympe de Gouges ?**
   a. 1789
   b. 1748

3. **En quelle année a-t-elle rédigé *La Déclaration des droits de la femme et de la citoyenne* ?**
   a. 1791
   b. 1789

4. **Veuve à l'âge de 18 ans, pourquoi ne s'est-elle jamais remariée ?**
   a. Pour éviter la censure d'un mari
   b. Par amour pour son mari défunt

5. **Outre ses écrits politiques, qu'écrivait Olympe de Gouges ?**
   a. De la poésie
   b. Du théâtre

6. **Comment est morte Olympe de Gouges ?**
   a. Guillotinée
   b. Noyée

7. **Laquelle de ses revendications a été adoptée par l'assemblé législative en 1792 ?**
   a. Le divorce
   b. La création de maternités

8. **Est-ce qu'Olympe de Gouges est au Panthéon ?**
   a. Oui
   b. Non

FRANÇAIS

Expressions québécoises

Chaque pays ou région possède son propre panel d'expressions, poétiques, drôles ou imagées… et le Québec ne fait pas exception ! Avant de sauter le pas et de vous envoler à la découverte de cette belle province, assurez-vous d'être au point sur les expressions courantes : reliez chaque expression québécoise de cette liste à la définition qui correspond.

1. Se faire brasser le Canadien •
2. Avoir un pain au four •
3. Passer la nuit sur la corde à linge •
4. Chauffer le char •
5. Fou comme un balai •
6. Pas de chicane dans ma cabane •
7. Se pogner le beigne •
8. On se calme le pompon •
9. Avoir la chienne •
10. Niaise pas avec la puck •
11. Parler à travers son chapeau •
12. Faire du train •
13. Être assis sur son steak •
14. Se faire passer un sapin •
15. Être en beau fusil •

- Se faire avoir
- Perdre son temps
- Être enceinte
- Être paresseux
- Garder la tête froide
- Avoir un sommeil agité
- Être très fâché
- Passer un mauvais quart d'heure
- Faire du vacarme
- Conduire une voiture
- Avoir peur
- Ne pas tourner autour du pot
- Être content
- Parler à tort et à travers
- Pas de dispute

MATHS

Super vitesse

Captain America passe ses vacances dans le sud-ouest de la France. Après avoir visité la cité médiévale de Carcassonne, il décide d'aller manger du foie gras à Montauban… Comme il ne fait rien comme tout le monde, il y va en courant… Puisqu'il est ultra rapide, il met 1 h 45 à parcourir les 145 km qui séparent ces deux villes. Calculez sa vitesse moyenne en km/h et en m/s.

HISTOIRE

Quiz historique

Voici venu le temps de tester vos connaissances avec ce quiz historique. Attention qui s'y frotte s'y pique ! Entourez la bonne réponse.

1. **Quel événement marque la fin de la Préhistoire et le début de l'Antiquité ?**
   a. La première monnaie d'échange
   b. La sédentarisation de l'homme
   c. L'apparition de l'écriture

2. **Quel traité institue la création de la Communauté économique européenne ?**
   a. Le traité de Rome
   b. Le traité de Maastricht
   c. Le traité de Lisbonne

3. **Quel empire s'empare de la totalité de la Chine et d'une bonne partie de l'Eurasie en 1279 ?**
   a. L'Empire ottoman
   b. L'Empire byzantin
   c. L'Empire mongol

4. **Qu'est-ce que l'édit de Nantes ?**
   a. Un traité qui met fin aux guerres de religion en France au XVIe siècle
   b. Un traité qui tolère les guerres de religion en France au XVIe siècle
   c. Un traité qui impose les guerres de religion en France au XVIe siècle

5. **En quelle année est dépénalisé l'avortement en France ?**
   a. En 1969
   b. En 1972
   c. En 1975

6. **Qui est l'ennemi de la France pendant la guerre de Cent Ans ?**
   a. L'Angleterre
   b. La Chine
   c. L'Espagne

7. **Quelle est la date de l'indépendance de l'Algérie ?**
   a. Le 3 juillet 1960
   b. Le 4 juillet 1961
   c. Le 5 juillet 1962

8. **Qu'est-ce que l'apartheid ?**
   a. Une politique de ségrégation raciale par la minorité blanche à l'encontre de la majorité noire
   b. Une politique de ségrégation raciale par la majorité noire à l'encontre de la minorité blanche
   c. Une politique de la diversité et de l'inclusion

9. **Qui a découvert le Canada ?**
   a. Jacques Cartier
   b. Fernand de Magellan
   c. Christophe Colomb

10. **Que s'est-il passé les 16 et 17 juillet 1942 ?**
    a. L'attaque de Pearl Harbor
    b. La bataille de Stalingrad
    c. La rafle du Vélodrome d'Hiver

CULTURE GÉNÉRALE

Dear Hugh...

Ah le beau, séduisant et souriant Hugh Grant… Êtes-vous êtes fan vous aussi ? On va vite le découvrir grâce à ce petit quiz ! Ayez plus de cinq bonnes réponses à ce vrai ou faux pour vous déclarer fan.

1. **Hugh Grant est né le 9 septembre 1960.**
   Vrai Faux

2. **Vincent Cassel a doublé Hugh Grant en tant que voix française.**
   Vrai Faux

3. **Le premier rôle au cinéma de l'acteur fut Charles dans *Quatre mariages et un enterrement*.**
   Vrai Faux

4. **Hugh Grant a été lauréat de deux Golden Globe.**
   Vrai Faux

5. **L'acteur anglais fait une apparition dans la série *Friends*.**
   Vrai Faux

6. **Hugh Grant est aussi réalisateur de films.**
   Vrai Faux

7. **Hugh Grant a déjà été arrêté par la police.**
   Vrai Faux

8. **Hugh Grant n'a jamais joué avec l'actrice Sandra Bullock.**
   Vrai Faux

9. **L'acteur a joué dans plus de 40 films.**
   Vrai Faux

10. **Hugh Grant et Jim Broadbent ont tourné dans cinq films ensemble.**
    Vrai Faux

LITTÉRATURE

Du côté de chez Proust

En 2022, on commémore les 100 ans de la disparition de Marcel Proust. C'est l'occasion de se replonger dans l'œuvre et la vie de l'auteur de *La Recherche*. Attrapez votre stylo et entourez la bonne réponse !

1. En combien de tomes son œuvre majeure *À la recherche du temps perdu* a-t-elle été publiée ?
- **a.** 3
- **b.** 5
- **c.** 7

2. Quel est le titre du premier tome ?
- **a.** *À l'ombre des jeunes filles en fleurs*
- **b.** *Du côté de chez Swann*
- **c.** *Le Côté de Guermantes*

3. Dans *Du côté de chez Swann*, quelle pâtisserie permet de faire ressurgir un souvenir d'enfance du narrateur ?
- **a.** Un financier
- **b.** Un macaron
- **c.** Une madeleine

4. Marcel Proust a traduit les textes de quel auteur ?
- **a.** John Ruskin
- **b.** Edgar Allan Poe
- **c.** Fiodor Dostoïevski

5. D'après son célèbre questionnaire, quels sont ses peintres préférés ?
- **a.** Raphaël et Michel-Ange
- **b.** Eugène Delacroix et Auguste Renoir
- **c.** Léonard de Vinci et Rembrandt

6. Toujours d'après ce questionnaire, quelle est son occupation préférée ?
- **a.** Écrire
- **b.** Aimer
- **c.** Rêver

7. Le premier tome de *La Recherche* a d'abord été refusé sur les conseils de quel auteur ?
- **a.** Paul Valéry
- **b.** Edmond Rostand
- **c.** André Gide

8. De quoi est mort Marcel Proust ?
- **a.** D'une bronchite
- **b.** De la coqueluche
- **c.** De la tuberculose

9. Dans quel cimetière est-il enterré ?
- **a.** Au cimetière d'Illiers-Combray
- **b.** Au cimetière du Père-Lachaise
- **c.** Au cimetière de Montmartre

SCIENCES

Quiz volcanique

Un volcan, c'est une structure géologique qui résulte de la montée d'un magma puis de l'éruption de matériaux issus de ce même magma. Jusque-là ça va… Mais à part ça, que connaissez-vous vraiment des volcans ? Entourez la bonne réponse.

1. Combien y a-t-il de volcans actifs dans le monde ?
- **a.** Environ 150
- **b.** Environ 1 500
- **c.** Environ 15 000

2. Qu'est-ce que le magma ?
- **a.** Une roche en fusion contenant des gaz
- **b.** Une roche en fusion émise à la surface de la Terre
- **c.** La transpiration du volcan contenant de l'eau et des sels minéraux

3. À quelle profondeur se forme le magma ?
- **a.** À environ 100 km de profondeur
- **b.** À environ 500 km de profondeur
- **c.** À environ 1000 km de profondeur

4. Comment appelle-t-on le passage de la lave de l'état solide à l'état liquide ?
- **a.** L'évaporation
- **b.** La fusion
- **c.** La solidification

5. Comment appelle-t-on un volcan effusif ?
- **a.** Un volcan noir
- **b.** Un volcan bleu
- **c.** Un volcan rouge

6. Comment appelle-t-on un volcan explosif ?
- **a.** Un volcan rouge
- **b.** Un volcan gris
- **c.** Un volcan noir

7. Où est stocké le magma ?
- **a.** Dans le sas magmatique
- **b.** Dans la cellule magmatique
- **c.** Dans la chambre magmatique

8. De quel type de volcan est le volcan cantalien ?
- **a.** C'est un stratovolcan
- **b.** C'est un volcan bouclier
- **c.** C'est un cône volcanique

9. Quelle est la température de la lave lorsqu'elle jaillit du cratère ?
- **a.** Entre 700°C et 1 200°C
- **b.** Entre 70°C et 120°C
- **c.** Entre 7 000 et 12 000°C

10. Quel phénomène est à l'origine de la disparition de Pompéi ?
- **a.** L'explosion ardente du Mont Fuji
- **b.** La coulée ardente de l'Etna
- **c.** La nuée ardente du Vésuve

GÉOGRAPHIE

Jeux, tu, îles...

Et maintenant, cap sur les îles ! Les petites, les grandes, les perdues, les moins perdues, les îles désertes et les îles touristiques. Il y en aura pour tous les goûts avec ce questionnaire 100 % insulaire !

1. Dans quel océan se trouve l'île de Mayotte ?
a. Indien
b. Pacifique
c. Atlantique

2. Près de quelle ville se trouve l'île du Levant ?
a. Dunkerque
b. Toulon
c. Montpellier

3. Quel est l'ancien nom des îles Kerguelen ?
a. Îles de la désolation
b. Îles de la dépression
c. Îles de la dépitation

4. Dans la baie de quelle ville américaine se trouve l'île d'Alcatraz ?
a. Miami
b. Los Angeles
c. San Francisco

5. Quel est le nom de la plus grande île du Japon ?
a. Shikoku
b. Honshu
c. Okinawa

6. Comment s'appelle l'île la plus dangereuse du monde ?
a. North Sentinel
b. South Sentinel
c. The Sentinel

7. Avec son arbre et sa maison, où se trouve la plus petite île habitable du monde ?
a. Dans l'État de New York
b. Dans l'archipel de la Société en Polynésie
c. Au sud-ouest de la Corse

8. Quel est l'autre nom de Bora-Bora ?
a. Mai te pora
b. Mai te bora
c. Mai te cora

9. Comment s'appelle la capitale de l'île de Nosy Be au nord-ouest de Madagascar ?
a. Belle-ville
b. Vieille-ville
c. Hell-ville

10. Dans quelle île Johnny Hallyday repose-t-il en paix ?
a. Saint-Barth
b. Saint-Martin
c. Marie-Galante

CULTURE GÉNÉRALE

Tom Cruise ? Un cocktail s'il te plaît !

C'est quoi l'image parfaite des vacances ? Boire un cocktail sur la plage. Il y en a pour tous les goûts, de toutes les tailles et de toutes les couleurs alors ce n'est pas toujours facile de les identifier. C'est le défi de cet exercice, retrouvez les noms de ces neuf boissons... mais attention il y a un intrus !

1...............................

2...............................

3...............................

4...............................

5...............................

6...............................

7...............................

8...............................

9...............................

SUDOKUS N°1

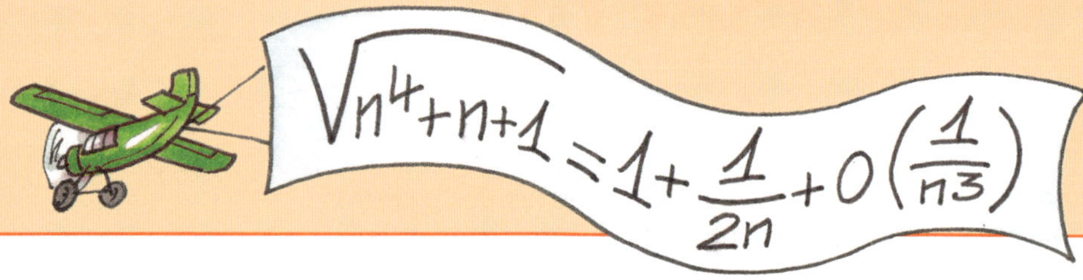

Les règles du sudoku sont simples : une grille de sudoku contient neuf lignes et neuf colonnes, donc 81 cases au total. En partant des chiffres déjà inscrits, remplissez les grilles de manière que chaque ligne, chaque colonne et chaque carré de 3 x 3 contienne une seule et unique fois tous les chiffres de 1 à 9.

À vous de remplir ces grilles réparties selon quatre niveaux : facile, moyen, difficile et expert.

1. Sudokus faciles

A

				8	7			2
	8	4		3	6	5	9	1
	2				5			
8	1	7				2		
	5		1	7	4		6	
		9				7	1	5
			5				7	
1	4	5	7	6		8	2	
3			8	9				

B

2	1	8		5				
				1	2			8
	4		8	3		1	2	
		1			7	5	9	4
6			9		5			3
5	7	9	3			6		
	9	6		7	8		5	
7			1	6				
				9		2	6	7

2. Sudokus moyens

C

		1			3	4	2	
	7	2						
		5			6	9		3
	5			6	4	7		1
		4		5		8		
1		6	8	9			4	
5		9	6			1		
						2	9	
	1	7	4			3		

D

		9			7	8	2	
	8	4		9		3		
	2		3				9	1
1	3			7			5	
				1				
	7			8			6	9
8	9				5		4	
		2		6		9	8	
	6	3	8			7		

3. Sudokus difficiles

E

		2	7	8	5	3		6
6						5		
5		3			4		7	
		4		5				2
2								7
7				1		8		
	9		3			2		5
		8						3
3		5	8	2	9	4		

F

	2				1	7	3	
	3			4			2	
		8	9				5	
	1	3	8			4		
		7				8		
		6			4	2	9	
	7				2	3		
	5			8			7	
	4	9	1				8	

4. Sudokus experts

G

	2	3				6	7	
	6		7					
			5			8	1	
			2	8		1	9	
3	8						2	6
	1	7		9	5			
	9	5			8			
					1		6	
	3	8				2	5	

H

				1	9	5		2
2			8					
8	9		7	2		3		
		8					9	1
		2				7		
3	5					4		
		6		5	7		4	9
					8			3
9		3	4	6				

FRANÇAIS

Presque identiques

Les homonymes sont des mots qui se prononcent ou s'écrivent de la même manière, mais attention, ils n'ont pas le même sens. Soyez donc attentif au contexte de la phrase pour ne pas vous emmêler les pinceaux dans ce méli-mélo de mots !
Entourez le bon homonyme dans chaque phrase.

Elle est **toute/tout** hésitante.

Il est **accro/accroc** au café.

Tous/tout ceux qui partent.

Un **vers/ver** de terre.

Il s'est pris un mauvais **cou/coup**.

Les marins ont levé **l'encre/l'ancre**.

Le gendarme lui a donné une **amende/amande**.

La **canne/cane** est la femelle du canard.

Elle danse avec beaucoup de **grâce/grasse**.

N'oublie pas de **lasser/lacer** tes chaussures.

La brume est **danse/dense** ce matin.

Il aime entendre le **cœur/chœur** de l'opéra.

Je suis **prêt/près** à partir de chez moi.

Son sommeil a été perturbé par un **cauchemard/cauchemar**.

Elle est en âge d'ouvrir son propre **compte/comte** en banque.

Cendrillon porte une pantoufle de **verre/vair**.

Nous avons fait bonne **chair/chère** à nos invités.

J'ai **bayé/bâillé** aux corneilles pendant le cours de français.

La **cote/côte** du marché immobilier est en hausse.

Il a pris du **gallon/galon**.

MATHS

Notation scientifique

Savez-vous ce qu'est la notation scientifique ? On pourrait se dire que c'est un groupe de scientifiques à l'écriture parfaite… mais non. La notation scientifique permet d'exprimer et de comparer facilement de très grands ou de très petits nombres en utilisant des puissances.
En utilisant des puissances de 10 on peut écrire un nombre décimal de différentes façons.

Par exemple : La distance entre la Lune et la Terre est de 384 400 km. En exprimant ce nombre en notation scientifique, on obtient : $3{,}844 \times 10^5$.
Vous avez compris ? À vous de jouer !

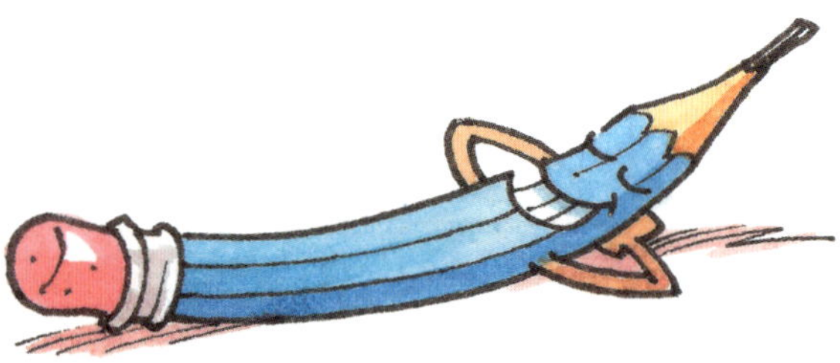

a. 100 = ……………………………………

b. 100 000 = ……………………………………

c. 25 000 = ……………………………………

d. 300 000 = ……………………………………

e. 7 700 000 = ……………………………………

f. 404 000 000 = ……………………………………

g. 0,001 = ……………………………………

h. 0,000 000 001 = ……………………………………

i. 0,0013 = ……………………………………

j. 15 000 000 x 30 000 = ……………………………………

HISTOIRE

Pirates !

Entre la moitié du XVIIe et le début du XVIIIe siècle, c'est l'âge d'or de la piraterie. Retour imminent sur la période du vol en mer où les pirates chaloupent, le vent en poupe ! Entourez la bonne réponse.

1. **Quel est le vrai nom de Barbe Noire ?**
   a. Edward Teach
   b. Barbe Bleue
   c. Rackham Le Rouge

2. **Que signifie pirate à l'origine ?**
   a. Celui qui pille, qui est violent
   b. Celui qui s'enrichit, qui va de l'avant
   c. Celui qui tente la fortune, qui est entreprenant

3. **Lequel de ces pirates est nommé gouverneur de Jamaïque ?**
   a. Henry Morgan
   b. Woodes Rodgers
   c. Olivier Levasseur

4. **Quels sont les navires de prédilections des pirates des Caraïbes ?**
   a. Les navires français
   b. Les navires hollandais
   c. Les navires espagnols

5. **Pourquoi les pirates Mary Read et Anne Bonny ont échappé à la mort ?**
   a. Elles étaient des femmes
   b. Elles étaient trop fortes
   c. Elles étaient enceintes

6. **Quel pirate devient colonel dans la marine de guerre chinoise dans les années 1800 ?**
   a. Cheung Pai Tso
   b. Cheung Po Tsai
   c. Cheung Sai Po

7. **À quel pays actuel appartient l'île de la Tortue ?**
   a. À Haïti
   b. À la République dominicaine
   c. À Cuba

8. **Quel pirate fournit des troupes pour la bataille de La Nouvelle-Orléans en 1815 ?**
   a. Stede Bonnet
   b. Edward Low
   c. Jean Lafitte

9. **Qui est à l'origine du code des pirates ?**
   a. Black Bart
   b. Jack Rackham
   c. Francis Drake

10. **Lequel de ces jurons n'est pas un juron de pirate ?**
    a. Bois boiteux
    b. Bois d'ébène
    c. Bois sans soif

CULTURE GÉNÉRALE

Le papa des super-héros

Stan Lee c'est les origines des studios Marvel et l'essence des héros de nombreux films. Cette année ce génie de l'imaginaire aurait fêté ses 100 ans ! Faisons un petit tour de sa carrière et de son œuvre dans cet exercice de vrai ou faux.

1. Stan Lee est le fondateur de la maison d'édition Marvel Comics.
   Vrai Faux

2. Stan Lee a créé près de 100 super-héros.
   Vrai Faux

3. Le premier texte publié par Stan Lee était dans le comics *Captain America*.
   Vrai Faux

4. Stan Lee invente les *X-Men* pour concurrencer les comics la *Ligue des Justiciers* publiés par DC Comics.
   Vrai Faux

5. Jack Kirby a créé le personnage de Thor avec Stan Lee.
   Vrai Faux

6. Le personnage de Daredevil a d'abord été refusé par Martin Goodman avant que Stan Lee l'inclue dans *Amazing Fantasy*.
   Vrai Faux

7. Stan Lee est aussi connu pour ses brèves apparitions dans les adaptations cinématographiques de ses super-héros.
   Vrai Faux

8. La dernière apparition de Stan Lee est dans le film *Avengers Endgame*.
   Vrai Faux

9. Stan Lee a été le seul scénariste de Marvel dans les années 1960.
   Vrai Faux

10. En 2008 Stan Lee reçoit la National Medal of Arts et rencontre le président des États-Unis George W. Bush.
    Vrai Faux

LITTÉRATURE

La vie en bleu

Je ne me souviens plus du titre, mais la couverture est bleue… Associez le titre à la couverture du livre correspondante… Et comme ce sont les vacances, on imagine que vous avez plus de temps pour lire, alors considérez cet exercice comme une façon colorée de vous donner des idées de lecture !

Holiday • L'Évangile des anguilles • Tu verras, les âmes se retrouvent toujours quelque part • Intuitio • Il est grand temps de rallumer les étoiles • Malgré nous… • Le poids des secrets, tome 5 : Hotaru • Trois • Les Monstres • Hamnet • Kilomètre zéro • Dévorer le ciel

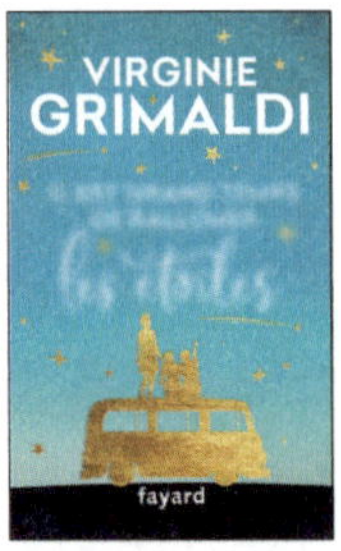

1………………

2………………

3………………

4………………

5………………

6………………

7………………

8………………

9………………

10………………

11………………

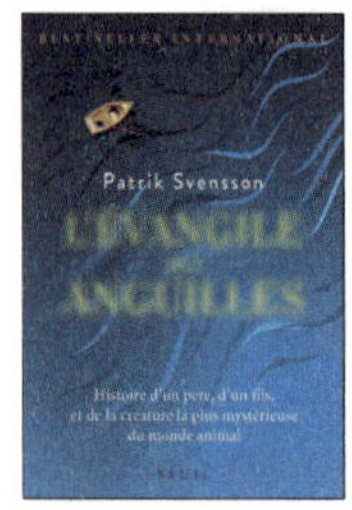

12………………

SCIENCES

Escale en forêt tropicale

La forêt tropicale est l'habitat naturel ayant la plus grande biodiversité au monde. Au-delà du fait que ça fasse rêver, ça donne sérieusement envie de s'y intéresser. Vous êtes prêts ? Entourez la bonne réponse.

1. Quelle est la plus grande forêt tropicale du monde ?
a. La forêt amazonienne
b. La forêt guyanaise
c. La forêt du bassin du Congo

2. Quelle est la superficie de la forêt amazonienne ?
a. 350 000 000 ha
b. 450 000 000 ha
c. 550 000 000 ha

3. Sur combien de pays s'étend-elle ?
a. 8
b. 9
c. 10

4. Combien y recense-t-on d'espèces végétales ?
a. 4 000
b. 14 000
c. 40 000

5. Qu'est-ce que la canopée ?
a. La strate supérieure d'une forêt
b. La strate inférieure d'une forêt
c. L'ensemble des strates d'une forêt

6. Jusqu'à quelle taille peut faire un arbre dans une forêt tropicale ?
a. 15 mètres
b. 30 mètres
c. 60 mètres

7. Combien d'espèces d'insectes trouve-t-on dans la forêt amazonienne ?
a. Près de 3 millions
b. Près de 30 millions
c. Près de 300 millions

8. Qu'est-ce qui détruit principalement les forêts tropicales ?
a. Les incendies
b. Le réchauffement climatique
c. La déforestation massive

9. Pourquoi dit-on que la forêt amazonienne est le poumon de la Terre ?
a. Parce qu'elle respire
b. Parce qu'elle produit de l'oxygène
c. Parce qu'elle fume beaucoup avec l'exploitation forestière

10. De combien la forêt amazonienne a-t-elle diminué entre août 2020 et juillet 2021 ?
a. Un peu plus de 3000 km²
b. Un peu plus de 9000 km²
c. Un peu plus de 13 000 km²

GÉOGRAPHIE

Les plus beaux fleuves du monde

Quel est le point commun entre les fleuves et vous ? Vous vous jetez dans la mer, pardi ! Pour vous tester sur les fleuves du monde et réviser votre géographie, c'est par ici…

1. Quels fleuves traversent les États-Unis ?
- **a.** L'Amazone et le Nil
- **b.** Le Mississippi et le Missouri

2. Quel est le fleuve qui se jette dans la mer Noire après avoir traversé l'Ukraine du nord au sud ?
- **a.** Le Danube
- **b.** Le Dniepr

3. Quel pays le Mackenzie traverse-t-il ?
- **a.** Le Canada
- **b.** Le Rwanda

4. Quel fleuve est le plus long ?
- **a.** Le Nil
- **b.** L'Amazone

5. Quel fleuve français prend sa source au plateau de Langres ?
- **a.** La Seine
- **b.** La Somme

6. Dans quelle mer se jette la Volga ?
- **a.** Dans la mer Noire
- **b.** Dans la mer Caspienne

7. Lequel de ces fleuves est un fleuve d'Afrique de l'ouest ?
- **a.** La Volta
- **b.** La Volga

8. Quel fleuve traverse l'Inde ?
- **a.** Le Fleuve Bleu
- **b.** Le Gange

9. Où se jette le fleuve Ob ?
- **a.** Dans l'océan Arctique
- **b.** Dans l'océan Atlantique

10. Dans quel village la Meuse prend-elle sa source ?
- **a.** À Pouilly en Bassigny
- **b.** À Azannes-et-Soumazannes

CULTURE GÉNÉRALE

Les séries made in France !

Que vous soyez du genre à regarder une saison en un week-end ou à attendre le nouvel épisode de votre série tous les vendredis soir, cet exercice est fait pour vous ! Est-ce que vous saurez trouver la bonne réponse parmi les trois propositions ? C'est parti pour réviser vos connaissances sur les séries françaises.

1. En quelle année a été lancée la série *Plus belle la vie* ?
- **a.** 2002
- **b.** 2004
- **c.** 2006

2. Comment s'appelle l'actrice principale de *Joséphine, ange gardien* ?
- **a.** Catherine Allégret
- **b.** Line Renaud
- **c.** Mimie Mathy

3. Pendant combien d'années la série *Sous le soleil* a-t-elle été diffusée ?
- **a.** 12 ans
- **b.** 14 ans
- **c.** 16 ans

4. Combien y a-t-il d'épisodes de la série *Une famille formidable* ?
- **a.** 25
- **b.** 56
- **c.** 62

5. La série *Julie Lescaut* comporte combien de saisons ?
- **a.** 22
- **b.** 18
- **c.** 26

6 Quelle série française a été nominée aux Emmy Awards dans la catégorie meilleure comédie en 2016 ?
- **a.** *Dix pour cent*
- **b.** *Engrenages*
- **c.** *Un village français*

7. Sur quelle chaîne a été diffusée la série *Engrenages* ?
- **a.** M6
- **b.** OCS
- **c.** Canal+

8. Quel acteur est à la fois réalisateur et héros de la série Kaamelott ?
- **a.** Alain Chabat
- **b.** Alexandre Astier
- **c.** Lionnel Astier

9. Quelle série française tire son titre d'une chanson de Jacques Dutronc ?
- **a.** *Baron noir*
- **b.** *Braco*
- **c.** *Fais pas ci, fais pas ça*

10. Quel est le nom de la série mettant en scène le trio Eric Judor, Jamel Debbouze et Ramzy Bedia ?
- **a.** *La Tour infernale*
- **b.** *Lascars*
- **c.** *H*

JEUX DE MÉMOIRE

Avoir une bonne mémoire, ce n'est pas dérisoire, c'est même un devoir ! Grâce à ces petits exercices conçus pour faire travailler votre mémoire d'éléphant vous n'avez plus d'échappatoire ! Avant de commencer, munissez-vous d'un stylo, d'un chrono et d'une feuille blanche qui vous servira à masquer les exercices lorsque cela vous sera indiqué !

1. En un clin d'œil

Votre mission, si vous l'acceptez : observez pendant 2 minutes ces 13 images. Il vous faudra mémoriser leur nom et leur emplacement. À la fin du temps indiqué, cachez les images et notez les noms qui conviennent aux bons emplacements.

2. À mots couverts

Voici une nouvelle manière de faire travailler votre mémoire de façon notoire ! Mémorisez les 10 mots de cette liste pendant 2 minutes (ou moins !) ; puis, après les avoir cachés à l'aide de votre feuille, retranscrivez-les, dans l'ordre, et mot pour mot !

COCOTIER

SABLE

PARÉO

Tropiques

Lagon

coquillage

PARASOL

Crabe

Bouée

Écume

3. Cases noires

Pour vérifier qu'il n'y a pas de trous noirs dans votre mémoire, prenez 2 minutes pour mémoriser la grille ci-dessous en repérant les cases noires. Une fois que vous êtes prêt, cachez la grille noircie et prenez votre stylo pour noircir la grille vierge de la même façon.

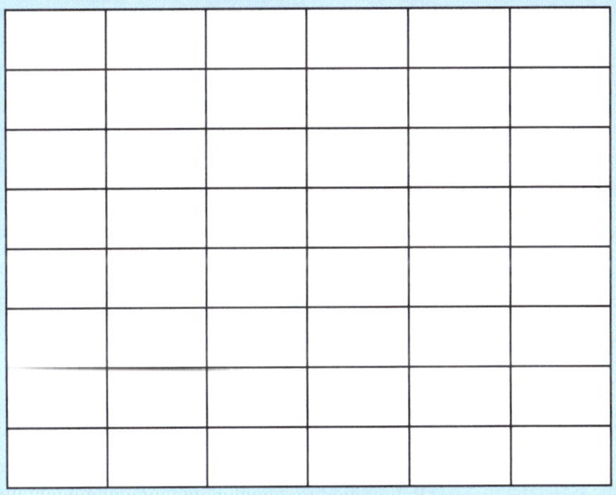

4. Un peu de poésie

Pour terminer en beauté, prenez le temps qu'il vous faut pour mémoriser ce poème de Stéphane Mallarmé, *Brise marine.*

Brise marine

La chair est triste, hélas ! et j'ai lu tous les livres.
Fuir ! là-bas fuir ! Je sens que des oiseaux sont ivres
D'être parmi l'écume inconnue et les cieux !

Rien, ni les vieux jardins reflétés par les yeux
Ne retiendra ce coeur qui dans la mer se trempe
Ô nuits ! ni la clarté déserte de ma lampe
Sur le vide papier que la blancheur défend
Et ni la jeune femme allaitant son enfant.
Je partirai ! Steamer balançant ta mâture,
Lève l'ancre pour une exotique nature !

Un Ennui, désolé par les cruels espoirs,
Croit encore à l'adieu suprême des mouchoirs !
Et, peut-être, les mâts, invitant les orages,
Sont-ils de ceux qu'un vent penche sur les naufrages
Perdus, sans mâts, sans mâts, ni fertiles îlots...
Mais, ô mon coeur, entends le chant des matelots !

Stéphane Mallarmé

FRANÇAIS

Anagrammes !

Les lettres de certains mots de cette fable de La Fontaine ont été mélangées, replacez-les dans l'ordre pour reformer les mots de la fable !

Une **Regloneilu** vit un Bœuf ....
Qui lui sembla de belle **ellati**. ....
Elle qui n'était pas grosse en tout comme un œuf,
Nesieuve s'étend, et s'enfle, et se travaille ....
Pour égaler l'animal en **grousers**, ...
Disant : « **Dezarger** bien, ma sœur, ...
Est-ce assez ? dites-moi : n'y suis-je point encore ?
— Nenni. — M'y voici donc ? — Point du tout. — M'y voilà ?
— Vous n'en approchez point. » La chétive **récope** ....
S'enfla si bien qu'elle creva.
Le monde est **nilpe** de gens qui ne sont pas plus sages : ....
Tout Bourgeois veut bâtir comme les grands **Surgenies**, ...
Tout petit Prince a des **Smarabudasse**, ...
Tout **Quarmis** veut avoir des Pages. ....

« La Grenouille qui se veut faire aussi grosse que le bœuf »,
Les Fables I, Jean de La Fontaine

MATHS

Sous un autre angle

Profitez de l'été pour mettre au clair vos idées ! Avec ce quiz 100 % géométrique répondez en toute logique à ces questions nostalgiques… L'école c'était il y a longtemps, mais il doit bien vous rester quelque chose… Entourez la bonne réponse.

1. **La géométrie est la partie des mathématiques qui étudie les figures du plan et de l'espace. Plus précisément, comme s'appelle-t-elle ?**
   La géométrie pythagoricienne — la géométrie euclidienne
2. **Comment appelle-t-on un rectangle dont la largeur et la longueur sont égales ?**
   un carré — un losange
3. **Comment appelle-t-on un angle de 100° ?**
   un angle obtu — un angle aigu
4. **Comment appelle-t-on un triangle dont les trois côtés sont de même longueur ?**
   triangle isocèle — triangle équilatéral
5. **Combien un ennéagone compte-t-il de sommets ?**
   9 — 7
6. **Quel est le périmètre d'un carré de 5 cm de côté ?**
   20 cm — 25 cm
7. **Quelle est l'aire d'un carré de 5 cm de côté ?**
   20 cm^2 — 25 cm^2
8. **Quel est le volume d'un cube de 5 cm de côté ?**
   125 cm^3 — 150 cm^3

HISTOIRE

Europ' quiz

Petite tournée *Europ' quiz* pour revoir l'histoire de l'Europe et, plus précisément, de l'Union européenne. Europe *lover* ou simple globe-trotter curieux, testez-vous sur l'UE !

1. C'est quoi l'Union européenne ?
a. Une union politico-économique de vingt-sept États européens
b. Une union politico-économique de trente-sept États européens

2. Combien y a-t-il d'étoiles sur le drapeau de l'Union européenne ?
a. 12
b. 27

3. Quel est l'hymne de l'Union européenne ?
a. *Ode à la joie* (de Beethoven)
b. *The Final Countdown* (du groupe Europe)

4. Quel est le dernier pays à avoir rejoint l'Union européenne ?
a. Le Royaume-Uni
b. La Croatie

5. Combien de députés siègent actuellement au Parlement européen ?
a. 705
b. 751

6. Quel est l'acronyme du Traité de Maastricht ?
a. TFUE
b. TUE

7. Quel jour fête-t-on la journée de l'Europe ?
a. Le 9 mai
b. Le 10 mai

8. Quel évènement commémore-t-elle ?
a. Une déclaration de Robert Schuman en 1950
b. Le premier concours de l'Eurovision en 1956

9. Qui présente les propositions législatives de l'Union européenne ?
a. Les États membres
b. La Commission européenne

10. Combien de pays de l'UE utilisent l'euro ?
a. 17
b. 19

CULTURE GÉNÉRALE

Ça va ça vient...

Si vous aimez la chanson française, les calembours et les contrepèteries vous savez peut-être que cette année nous commémorons le centenaire de la naissance de Boby Lapointe mais aussi les cinquante ans de sa mort. Alors, à vos stylos pour répondre à ce quiz vrai ou faux sur l'artiste Boby Lapointe.

1. Boby Lapointe est né et mort à Pézenas dans l'Hérault.
Vrai Faux

2. Le nom complet de Boby Lapointe est Robert, Jean-François, Joseph, Pascal Lapointe.
Vrai Faux

3. Les Frères Jacques furent les premiers à chanter les chansons de Boby Lapointe.
Vrai Faux

4. Grâce à un ami commun, l'acteur Bourvil chante la chanson *Aragon et Castille* de Boby Lapointe dans le film *Poisson d'avril*.
Vrai Faux

5. Sa première apparition performance d'acteur fut dans un film de Claude Sautet.
Vrai Faux

6. La chanson *Le Papa du papa du papa de mon papa* est sortie en 1966.
Vrai Faux

7. Boby Lapointe a enregistré environ une soixantaine de chansons durant sa vie.
Vrai Faux

8. Boby Lapointe était très ami avec Georges Brassens.
Vrai Faux

9. Boby Lapointe a exercé plusieurs métiers au cours de sa vie notamment scaphandrier, électricien et vendeur de bonneterie.
Vrai Faux

10. Boby Lapointe s'est marié et a divorcé trois fois.
Vrai Faux

LITTÉRATURE

Titres gruyère

Préparez-vous à avoir 20/20 à ce quiz littérature !
Pour cela, il vous suffit de compléter les titres de ces livres sans ratures.

Les .... *de Central Park sont tristes le lundi*, Katherine Pancol
Mille .... *splendides*, Khaled Hosseini
.... *sous les mers*, Jules Verne
Le .... *de Monte-Cristo*, Alexandre Dumas
Les .... *de la colère*, John Steinbeck
Pour qui sonne le ...., Ernest Hemingway
Le .... *est un chasseur solitaire*, Carson McCullers
Rien ne s'oppose à la ...., Delphine de Vigan
La .... *de mon père*, Marcel Pagnol
La .... *de l'aube*, Romain Gary
Ce que le .... *doit à la nuit*, Yasmina Khadra
J'irai .... *sur vos tombes*, Boris Vian
Les Nourritures.., André Gide
Le .... *dans la vallée*, Honoré de Balzac
Au .... *des Dames*, Émile Zola
Au revoir ...., Pierre Lemaitre
La Carte et le ...., Michel Houellebecq
Orgueil et ...., Jane Austen
La .... *des sentiments*, Kathryn Stockett
La .... *écarlate*, Margaret Atwood

SCIENCES

Monkey quiz !

Scientifiquement, le singe et l'homme sont issus de la même famille et sont des cousins éloignés. Eh ouais, cet été c'est cousinade avec nos amis les ouistitis, macaques, mandrills, orangs-outans et chimpanzés ! Entourez la bonne réponse.

1. Combien d'espèces de singes existe-il dans le monde ?
a. 185
b. 285
c. 385

2. Lequel de ces singes est le plus grand de tous les singes ?
a. Le gorille de l'Est
b. Le gorille de l'Ouest
c. Le gibbon cendré

3. Combien de temps la maman chimpanzé allaite-t-elle son petit ?
a. Environ 4 mois
b. Environ 4 ans
c. Environ 14 ans

4. Combien de temps vit le ouistiti, le singe le plus petit ?
a. Environ 2 ans
b. Environ 12 ans
c. Environ 22 ans

5. À quoi sert l'épouillage chez les chimpanzés ?
a. À tisser des liens
b. À s'occuper les mains
c. À retirer les poux

6. Comment vivent les orangs-outans ?
a. En groupe
b. En couple
c. En solo

7. Où dorment les grands singes ?
a. Dans des nids
b. Dans des trous
c. N'importe où

8. À quelle famille de primates appartient le mandrill ?
a. Les hylobatidés
b. Les hominidés
c. Les cercopithécidés

9. Quelle est la période de reproduction du macaque japonais ?
a. Le printemps
b. L'été
c. L'automne

10. Lequel de ces singes a le plus petit pénis ? (proportionnellement à sa taille)
a. Le ouistiti
b. Le babouin
c. Le gorille

GÉOGRAPHIE

Bienvenue en Amérique du Sud !

Connaissez-vous tous les drapeaux des pays (ou territoire, attention il y a un petit piège) qui composent le continent d'Amérique du Sud ? Pour répondre à cette question, il suffit de faire ce quiz ! Écrivez le nom de chaque pays en dessous du drapeau correspondant.

1.......................... 2.......................... 3.......................... 4.......................... 5.......................... 6..........................

7.......................... 8.......................... 9.......................... 10.......................... 11.......................... 12..........................

CULTURE GÉNÉRALE

Prière de ne pas toucher les animaux

Les chauves-souris, les rats, les autruches… tous ces animaux ont un point commun, ils sont considérés comme sacrés dans certains pays. Est-ce que vous saurez relier l'animal avec le pays dans lequel il est vénéré ?

1. Tortue	•	•	a. Rajasthan
2. Puma	•	•	b. Bénin
3. Chauve-souris	•	•	c. Égypte
4. Singe	•	•	d. Japon
5. Rat	•	•	e. Australie
6. Crocodile	•	•	f. Inde
7. Vache	•	•	g. Burkina Faso
8. Chat	•	•	h. Pérou
9. Python royal	•	•	i. Vietnam
10. Autruche	•	•	j. Ghana

PLAGE SPORTIVE

Aller à la plage oui... mais ça ne veut pas dire abandonner le sport ! Que les plus sportifs d'entre vous soient rassurés, voici quatre petits quiz sur des sports de plage.
Entourez la bonne réponse.

1. Le beach volley

Sur chaque plage se trouvent des amis, une famille ou de vrais sportifs pour y jouer, mais que savez-vous du beach volley ? Ce quiz est là pour le déterminer.

1. **Par équipe de combien de joueurs se joue le beach volley ?**
   a. 6
   b. 2
2. **Quelle est la différence entre une balle de volley et une balle de beach volley ?**
   a. Pour le beach volley la balle est moins lourde et moins gonflée
   b. Pour le volley la balle est moins lourde et moins gonflée
3. **En quelle année le beach volley a été intégré aux jeux Olympiques ?**
   a. 1950
   b. 1996
4. **À quelle fréquence a lieu le championnat du monde de beach volley ?**
   a. Tous les deux ans
   b. Tous les ans
5. **Quel pays a le plus de médailles olympiques en beach volley ?**
   a. Les États-Unis
   b. L'Espagne
6. **Quand le beach volley est-il apparu ?**
   a. Dans les années 1920
   b. Dans les années 1930
7. **Au bout de combien de points marqués, les équipes changent de côté ?**
   a. 7
   b. 9
8. **Depuis quand les joueuses de beach volley ont le droit de couvrir leurs bras et leurs jambes ?**
   a. 2016
   b. 2002

2. Le ski nautique

Un sport qui permet de skier et d'être à la plage en même temps ! C'est sûrement plus difficile que ça en a l'air. Voyons de quoi il en retourne dans ce quiz.

1. **Qui est l'inventeur du ski nautique ?**
   a. Ralph Samuelson
   b. David Jason
2. **En quelle année la Fédération Française de Ski Nautique et de Wakeboard a-t-elle été créée ?**
   a. 1922
   b. 1947
3. **Qu'est-ce que le barefoot ?**
   a. Une figure sur un pieds avec une rotation de 360°
   b. Du ski nautique sans skis, pieds nus, donc.
4. **Quelles sont les trois épreuves de compétition du ski classique ?**
   a. Slalom, saut, figure
   b. Vitesse, Figures, Combiné
5. **Comment appelle-t-on la poignée qu'il faut tenir pour être tracté ?**
   a. La poignée
   b. Le palonnier
6. **À quelle hauteur Ryan Dodd a-t-il sauté, réalisant le record du monde masculin en 2017 ?**
   a. 55,6 mètres
   b. 77,4 mètres
7. **Sur combien de skis faut-il réaliser l'épreuve de slalom dans une compétition de ski nautique ?**
   a. 1
   b. 2
8. **Où s'est déroulé le championnat du monde de Ski Nautique 2021 ?**
   a. À Putrajaya en Malaisie
   b. À Groveland aux États-Unis

3. La planche à voile

Vous vous êtes déjà laissé tenter par la planche à voile ? Qu'importe la réponse, vous pourrez toujours faire ce quiz pour en savoir plus.

1. **Quel est le nom anglais de la planche à voile ?**
   a. Windsurf
   b. Windplank

2. **Comment sont appelés les gens qui pratiquent la planche à voile ?**
   a. Les wind surfeurs
   b. Les véliplanchistes

3. **En quelle année la planche à voile est-elle devenue un sport olympique ?**
   a. 1984
   b. 1962

4. **Qui est le champion du monde en titre dans la catégorie slalom ?**
   a. Antoine Albeau
   b. Pierre Mortefon

5. **Communément, quelle est la longueur de la planche ?**
   a. Entre 2,20 mètres et 2,90 mètres
   b. Entre 2,10 mètres et 2,50 mètres

6. **Quand la planche à voile a-t-elle été inventée ?**
   a. Dans les années 1960
   b. Dans les années 1950

7. **Laquelle de ces réponses ne désigne pas une allure du vent ?**
   a. Grand largue
   b. Vent de côté

8. **Qui est Antoine Albeau ?**
   a. Le Français le plus titré de l'histoire du Windsurf
   b. Dark Vador

4. Le surf

Même si le terme « surfer » désigne autant passer du temps sur Internet que faire du snowboard ou de glisser sur une planche dans l'eau, ici c'est sur le sport aquatique que nous allons nous concentrer dans ce quiz.

1. **Combien existe-t-il de sortes de vagues ?**
   a. 5
   b. 3

2. **Par quel terme désigne-t-on le lieu où on peut surfer ?**
   a. Un spot
   b. La zone

3. **En quelle année les premiers explorateurs découvrent la pratique du surf à Tahiti ?**
   a. 1767
   b. 1883

4. **Quelle île est considérée comme « le lieu de naissance du surf » ?**
   a. La Nouvelle-Zélande
   b. Hawaii

5. **Quel est le championnat principal de surf ?**
   a. Les jeux Olympiques
   b. Le World Championship Tour

6. **En quelle année le surf a été ajouté aux jeux Olympiques ?**
   a. 2020
   b. 2002

7. **Qu'est-ce que le bodyboard ?**
   a. Du surf sur une planche plus courte et sur le ventre
   b. Du surf complètement allongé sur sa planche sans se relever

8. **Combien de fois Kelly Slater a été titré champion du monde de surf ?**
   a. 11
   b. 6

FRANÇAIS

Le bon vieux temps

« Le passé-présent… c'est le temps qui manque à la conjugaison des verbes. » écrivait Martine Vergne. Certes, mais à défaut d'en inventer de nouveaux, êtes-vous incollable sur les temps et les modes verbaux ? Pour vous en assurer, retrouvez le temps des verbes conjugués dans ces phrases.

1. N'hésite pas à prendre quelques jours de repos en bord de mer, l'air marin te fera le plus bien !

2. Nous participâmes à de nombreuses excursions et nous fîmes même de l'escalade.

3. Dépêchez-vous ou vous allez rater votre avion ! Il ne faut pas que vous arriviez en retard pour l'embarquement.

4. Quand il eut fini de manger, il s'endormit sur son transat.

5. Nous aurions préféré faire du surf plutôt que du ski nautique.

6. S'ils avaient mis de la crème solaire, ils n'auraient pas attrapé de coup de soleil.

7. Il avait l'impression de contempler une œuvre d'art lorsqu'il admirait le coucher de soleil.

8. Ne voulant pas attendre l'hiver pour goûter au plaisir de la glisse, ils décidèrent de faire de la luge d'été.

9. Elle a toujours préféré partir en vacances au mois de juillet.

10. Quand tu joues à la pétanque, tu tires ou tu pointes ?

MATHS

Casse-tête

Pas de prise de tête, seulement un casse-tête pour faire travailler vos méninges avant que le soleil fasse fondre vos neurones… Coloriez 8 cases en rouge de façon à ce que 2 cases ne soient pas alignées : verticalement, horizontalement et en diagonale.

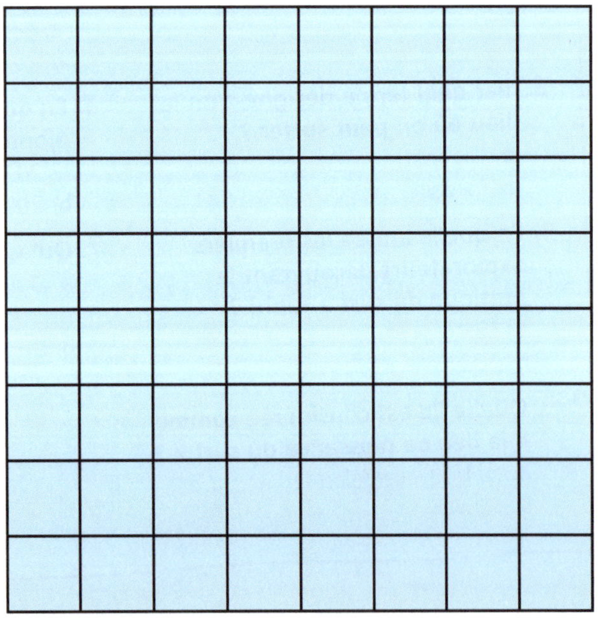

HISTOIRE

Mission Cléopâtre !

« Si le nez de Cléopâtre eût été plus court, toute la face du monde aurait été changé. » Dixit Pascal dans ses *Pensées…* Et vous qu'en pensez-vous ? Entourez la bonne réponse (et pas au pif, l'histoire c'est pas approximatif !)

1. De quelle dynastie d'origine grecque Cléopâtre est-elle issue ?
a. Les Lagides
b. Les Galides
c. Les Daliges

2. Quel est le nom complet de Cléopâtre ?
a. Cléopâtre V Philopator
b. Cléopâtre VI Philopator
c. Cléopâtre VII Philopator

3. Mais, en fait, qui est Cléopâtre ?
a. Une déesse égyptienne
b. Une princesse égyptienne
c. La dernière reine d'Égypte

4. Quand est-elle née ?
a. En 69 av. J.-C.
b. En 79 av. J.-C.
c. En 89 av. J.-C.

5. Avec qui se marie-t-elle à 17 ans ?
a. Son frère Ptolémée XIII
b. Son frère Ptolémée XIV
c. Sa sœur Bérénice IV

6. Avec quel général romain partage-t-elle le pouvoir en premier ?
a. Jules César
b. Marc Antoine
c. Elle ne partage rien, surtout pas avec un Romain…

7. Par qui est fondée l'Alexandrie de Cléopâtre ?
a. Aristote
b. Alexandre IV
c. Alexandre le Grand

8. Quand a eu lieu la bataille d'Actium après la mort de Jules César ?
a. En 21 av. J.-C.
b. En 31 av. J.-C.
c. En 41 av. J.-C.

9. Qui gagne cette bataille ?
a. Cléopâtre et Marc Antoine
b. Cléopâtre et Octave
c. Octave

10. Comment est morte Cléopâtre ?
a. Assassinée par son frère
b. Assassinée par Octave
c. Assassinée par un serpent

CULTURE GÉNÉRALE

Romy face à son destin

2022 est un triste anniversaire pour les fans de Romy Schneider, cela fait 40 ans que cette magnifique actrice est décédée. Ce quiz revient sur la vie professionnelle et personnelle de cette actrice adoptée par la France. Entourez la bonne réponse.

1. Quel est le prénom de naissance de l'actrice ?
a. Rosaline Marie Albach
b. Rénée Marianne Albach
c. Rosemarie Magdalena Albach

2. Comment s'appelle le dernier opus de la trilogie de film *Sissi* ?
a. *Sissi face à son destin*
b. *Sissi impératrice*
c. *Les jeunes années d'une reine*

3. En quelle année Romy Schneider a-t-elle reçu le premier César de la meilleure actrice pour la première fois ?
a. 1953
b. 1978
c. 1976

4. Romy Schneider est aussi le nom d'une variété de fleurs, laquelle ?
a. Rose
b. Orchidée
c. Tulipe

5. Quel acteur interprète le mari de Romy Schneider dans le film *La Piscine* ?
a. Maurice Ronet
b. Alain Delon
c. Jacques Deray

6. Dans quel film de Claude Sautet, Romy Schneider partage l'affiche avec Yves Montand ?
a. *Max et les ferrailleurs*
b. *César et Rosalie*
c. *Les choses de la vie*

7. De quelle couleur étaient les yeux de Romy Schneider ?
a. Marron
b. Verts
c. Bleus

8. Que récompense le prix Romy Schneider ?
a. L'accent allemand d'un acteur
b. Une actrice espoir du cinéma français
c. Un jeune réalisateur

9. Combien de temps dura son idylle avec Alain Delon ?
a. 10 ans
b. 5 ans
c. 6 mois

10. Qui est le réalisateur du film *L'important c'est d'aimer* grâce auquel Romy Schneider remporte le tout premier César de la meilleure actrice ?
a. Jacques Dutronc
b. Claude Sautet
c. Andrzej Żuławski

LITTÉRATURE

Prix littéraires

Puisque vous êtes en vacances, profitez-en pour faire le point sur ce que vous avez lu – ou pas – cette année. Avant de découvrir et de lire les livres de la prochaine rentrée littéraire, testez-vous sur le cru 2021 ! Reliez correctement le prix à l'auteur et au titre. Attention, un de ces romans a été récompensé par deux prix !

1. Grand prix du roman de l'Académie française •
2. Prix Femina •
3. Prix Goncourt •
4. Prix Goncourt des lycéens •
5. Prix Interallié •
6. Prix Médicis •
7. Prix Renaudot •
8. Prix de Flore •
9. Prix Décembre •
10. Prix du premier roman français •

- Christine Angot •
- Maud Ventura •
- Amélie Nothomb •
- François-Henri Désérable •
- Abel Quentin •
- Mohamed Mbougar Sarr •
- Xavier Galmiche •
- Mathieu Palain •
- Clara Dupont-Monod •

- *Ne t'arrête pas de courir*
- *Premier sang*
- *S'adapter*
- *Le Voyage dans l'Est*
- *Le Poulailler métaphysique*
- *Mon maître et mon vainqueur*
- *Mon mari*
- *Le Voyant d'Étampes*
- *La plus secrète mémoire des hommes*

SCIENCES

L'eau dans tous ses états

Sans eau nous serions peu de chose, vous ne croyez pas ? L'eau de mer, l'eau plate, l'eau de source, l'eau en bouteille, l'eau d'ici, l'eau de là… Testez-vous sur l'eau dans tous ses états ! Entourez la bonne réponse.

1. Comment est répartie l'eau sur la surface du globe ?
a. Sur les 3/4
b. Sur 1/3
c. Sur 1/2

2. Quel est le plus grand réservoir d'eau sur la Terre ?
a. Les nappes d'eau souterraines
b. Les lacs et les rivières
c. Les océans et les mers

3. Quelle est la quantité moyenne d'eau contenue dans notre organisme ?
a. 25 %
b. 45 %
c. 65 %

4. Comment appelle-t-on un mélange qui contient de l'eau ?
a. Un mélange hydrogène
b. Un mélange hydroxyde
c. Un mélange aqueux

5. Quels sont les trois paramètres à vérifier pour l'eau de piscine ?
a. L'acidité, la dureté et l'alcalinité
b. L'acidité, la souplesse et la température
c. L'acidité, la transparence et la quantité

6. Combien l'eau mer contient-elle de chlorure de sodium par litre ?
a. 2 grammes
b. 7 grammes
c. 27 grammes

7. Qu'utilise-t-on pour révéler la présence d'eau dans un liquide ?
a. Du fer de cuivre anhydre
b. Du sulfate de cuivre anhydre
c. De l'hydroxyde de sodium anhydre

8. Quelle couleur voit-on apparaître si on verse de l'eau sur la réponse de la question 7 ?
a. Du bleu
b. Du vert
c. Du jaune

9. Combien d'eau doit-on ajouter à 2 cl de pastis pour qu'il soit parfait ?
a. 2 cl
b. 5 cl
c. 10 cl

10. Combien de temps pouvons-nous survivre sans eau ?
a. 9 jours
b. 5 jours
c. 3 jours

GÉOGRAPHIE

Money, money, money / Must be funny...

Pour partir à l'étranger mieux vaut bien préparer son porte-monnaie. En effet, hors zone euro ou même dans certains pays de l'Union européenne, le sou n'est pas le même… Associez la bonne monnaie au bon pays, c'est parti !

1. Le rouble (RUB) •
2. Le real (BRL) •
3. Le kuna (HRK) •
4. Le franc CFA (XAF) •
5. Le peso (CLP) •
6. La couronne (DKK) •
7. La gourde (HTG) •
8. Le tubrik (MNT) •
9. La livre sterling (GBP) •
10. Le dollar (BSD) •
11. Le riel (KHR) •
12. Le colon (CRC) •

- • a. La Mongolie
- • b. Le Costa Rica
- • c. Le Danemark
- • d. Le Royaume-Uni
- • e. Le Cambodge
- • f. La Croatie
- • g. Les Bahamas
- • h. La Russie
- • i. Le Cameroun
- • j. Haïti
- • k. Le Chili
- • l. Le Brésil

CULTURE GÉNÉRALE

Un anneau pour les gouverner tous

Dans cet exercice on s'attaque à un grand classique de la fantasy, *Le Seigneur des Anneaux* ! Si vous avez lu ou vu cette trilogie ce questionnaire est pour vous, entourez la bonne réponse parmi les trois possibilités.

1. **Quels prénoms se cachent derrière les initiales J.R.R. Tolkien ?**
   a. Jeremy Roland Regis Tolkien
   b. John Ronald Reuel Tolkien
   c. Jean René Raymond Tolkien

2. **En quelle année est paru le livre *La Communauté de l'Anneau* ?**
   a. le 29 juillet 1954
   b. le 18 août 1945
   c. le 9 septembre 1970

3. **Qui est le réalisateur des trois films Seigneur des Anneaux ?**
   a. James Cameron
   b. David Lynch
   c. Peter Jackson

4. **Cumulés, combien les trois films ont-ils reçu d'Oscars ?**
   a. 20
   b. 17
   c. 15

5. **Quel acteur interprète Gandalf le Gris dans les films *Le Seigneur des Anneaux* ?**
   a. Elijah Wood
   b. Orlando Bloom
   c. Ian McKellen

6. **Quelle est la bonne orthographe ?**
   a. Sauron
   b. Soron
   c. Saurron

7. **Classez les titres de la trilogie dans le bon ordre.**
   a. *Les Deux Tours, La Communauté de l'Anneau, Le Retour du Roi*
   b. *Le Retour du Roi, Les Deux Tours, La Communauté de l'Anneau*
   c. *La Communauté de l'Anneau, Les Deux Tours, Le Retour du Roi*

8. **Quelles sont les trois principales races de la Terre du Milieu ?**
   a. Orques, Elfes, Humain
   b. Humains, Elfes, Nains
   c. Les Hobbits, Elfes, Nains

9. **« Un Anneau pour les gouverner tous, un Anneau pour les trouver… », quelle est la suite ?**
   a. « un Anneau pour les amener tous. »
   b. « un Anneau pour le Seigneur des Ténèbres sur son sombre trône. »
   c. « et dans les ténèbres les lier »

10. **Quelle est la mission de Frodon Sacquet ?**
   a. Détruire l'Anneau dans la Montagne du Destin
   b. Rapporter l'Anneau à son propriétaire
   c. Offrir l'Anneau à Legolas

JEUX DE LETTRES

Suivez de nouveau les consignes à la lettre et ça devrait passer comme une lettre à la poste !

1. Les mots coupés

Dans cette grille, des mots de six lettres ont été coupés ! À vous de les assembler comme bon vous semble pour reconstituer au moins 20 mots. À vos stylos !

BOT	COU	CAR	FRE
GET	LIS	GOU	PIE
PRE	ROU	RER	SSE
STE	TIN	TER	TRE

2. Anagrammes

Mélangez les lettres des mots ci-dessous pour former un autre mot ! Un indice : les mots à trouver sont tous des noms de fleur !

VANDALE : ....

TIPULE : ....

ANTIHÉROS : ....

ABRÉGER : ....

VOILETTE : ....

DRAINAGE : ....

OSER : ....

TENGE : ....

SOULERONT : ....

ACTION : ....

3. Lettres mélangées

Les lettres ci-dessous ont été mélangées, pour chaque groupe de lettres essayez de reconstituer un maximum de mots !

a. Avec les lettres : K – G – O – P – R – S – T – U – A – E

* TROUVEZ AU MOINS 4 MOTS DE 8 LETTRES :

....

* TROUVEZ AU MOINS 5 MOTS DE 7 LETTRES :

....

* TROUVEZ AU MOINS 6 MOTS DE 5 LETTRES :

....

b. Avec les lettres : B – A – F – G – E – R – T – H – O – P

* TROUVEZ AU MOINS 4 MOTS DE 7 LETTRES :

....

* TROUVEZ AU MOINS 5 MOTS DE 6 LETTRES :

....

....

* TROUVEZ AU MOINS 6 MOTS DE 5 LETTRES :

....

....

c. Avec les lettres : N – M – H – O – P – E – L – B – I – R

* TROUVEZ AU MOINS 4 MOTS DE 7 LETTRES :

....

....

* TROUVEZ AU MOINS 5 MOTS DE 6 LETTRES :

....

....

* TROUVEZ AU MOINS 6 MOTS DE 5 LETTRES :

....

....

4. Les mots coupés

Dans cette grille, des mots de six lettres ont été coupés ! À vous de les assembler comme bon vous semble pour reconstituer au moins 20 mots. À vos stylos !

BIS	BOU	BRE	CHE
DRE	FLE	LET	LIN
LOU	MAR	MOU	RDE
TON	TRE	TRI	VET

------------------------------ ------------------------------
------------------------------ ------------------------------
------------------------------ ------------------------------
------------------------------ ------------------------------
------------------------------ ------------------------------
------------------------------ ------------------------------
------------------------------ ------------------------------
------------------------------ ------------------------------
------------------------------ ------------------------------
------------------------------ ------------------------------

FRANÇAIS

Un peu de poésie

En vacances à la campagne loin de ses jeux vidéo, le petit Jules décide de s'occuper en recopiant le poème préféré de son grand-père : « Demain, dès l'aube… » de Victor Hugo… mais il s'est laissé distraire et a commis des fautes : à vous de les retrouver !

Demain, dès l'aube…
Demain, des l'aube, a l'heure ou blanchi la campagne,
Je partirais. Vois-tu, je sais que tu m'attend.
J'irai par la forèt, j'irai par la montagne.
Je ne puis demeuré loin de toi plus longtemps.

Je marcherais les yeux fixé sur mes pensées,
Sans rien voir aux dehors, sans entendre aucun bruits,
Seul, inconnu, le dos courbé, les mains croisés,
Triste, est le jour pour moi sera comme la nuit.

Je ne regarderais ni l'or du soir qui tombe,
Ni les voiles au loin descendant vert Harfleur,
Et quand j'arriverait, je mettrai sur ta tombe
Un bouquet de hou verre et de bruyerre en fleurs.

MATHS

Énigmatiques mathématiques

**L'été il ne suffit pas de faire travailler ses zygomatiques sur la côte Atlantique…
C'est pourquoi vous allez procéder à cette gymnastique mathématique ludique pour travailler votre arithmétique.**

a. Simon, âgé de 43 ans aujourd'hui, apprend que l'espérance de vie dans son pays est actuellement de 78 ans pour les hommes et qu'elle augmente de 2 mois chaque année.
Si cette évolution se poursuivait, à quel âge Simon aurait-il atteint l'espérance de vie dans son pays ?

……………………………………………………………………………………………………

……………………………………………………………………………………………………

b. Il n'y a dans la ferme de Mathurin que des lapins et des poules. On dénombre 128 têtes et 438 pattes. Combien y a-t-il de poules ?

……………………………………………………………………………………………………

……………………………………………………………………………………………………

HISTOIRE

Petite histoire de la Ve République

La Ve République est la cinquième Constitution française approuvée par le peuple français. Fffiou...Ça fait un moment qu'on y est, quand on y pense...Testez-vous sur la Ve République de France !

1. **Qui est le fondateur de la Ve République ?**
   a. Charles de Gaulle
   b. Georges Pompidou

2. **Quand la Ve République est-elle promulguée ?**
   a. En 1958
   b. En 1978

3. **Quel pouvoir y est renforcé ?**
   a. Le pouvoir législatif
   b. Le pouvoir exécutif

4. **Quels sont les principes de la République ?**
   a. Indivisible, laïque, démocratique et sociale
   b. Divisible, religieuse, tyrannique et antisociale

5. **Quel est le régime politique de la France ?**
   a. C'est un régime parlementaire
   b. C'est un régime hybride

6. **Quel est l'âge minimum pour être candidat à la présidence de la République ?**
   a. 18 ans
   b. 23 ans

7. **Qui nomme le Premier ministre ?**
   a. Le Parlement
   b. Le Président

8. **Qui vote les lois ?**
   a. L'Assemblée nationale
   b. Le Parlement

9. **Qui promulgue la loi ?**
   a. Le Premier ministre
   b. Le Président

10. **Quel Président détient le record de longévité à la tête de l'exécutif (mais pas du reste...) ?**
    a. Valéry Giscard d'Estaing (aka Atchoum)
    b. Jacques Chirac (aka 5 minutes, douche comprise)

CULTURE GÉNÉRALE

Le roi des jeux de mots

Le 9 novembre 2022 l'humoriste et acteur Raymond Devos aurait eu 100 ans. Cet homme en costume, célèbre pour ses pirouettes avec la langue française, a su marquer les esprits et l'humour français. Dans cet exercice vous devez démêler le vrai du faux.

1. **Raymond Devos a arrêté ses études à treize ans.**
   Vrai Faux

2. **Le ministère français de la Culture et de la Communication a créé un prix Raymond-Devos en hommage à l'humoriste et acteur.**
   Vrai Faux

3. **Louis de Funès et Raymond Devos se sont donné la réplique dans un film.**
   Vrai Faux

4. **Raymond Devos a écrit cinq livres.**
   Vrai Faux

5. **En 2000, Raymond Devos est devenu officier de la Légion d'honneur.**
   Vrai Faux

6. **Raymond Devos est mort en 2006 dans sa maison des Yvelines.**
   Vrai Faux

7. **Georges Brassens et Jacques Brel furent de grands amis de Raymond Devos.**
   Vrai Faux

8. **Il existe plusieurs rues qui portent le nom Raymond Devos.**
   Vrai Faux

9. **La dernière représentation de Raymond Devos a lieu en 2006.**
   Vrai Faux

10. **Raymond Devos a dit « Le rire est une chose sérieuse avec laquelle il ne faut pas plaisanter ».**
    Vrai Faux

LITTÉRATURE

On the road

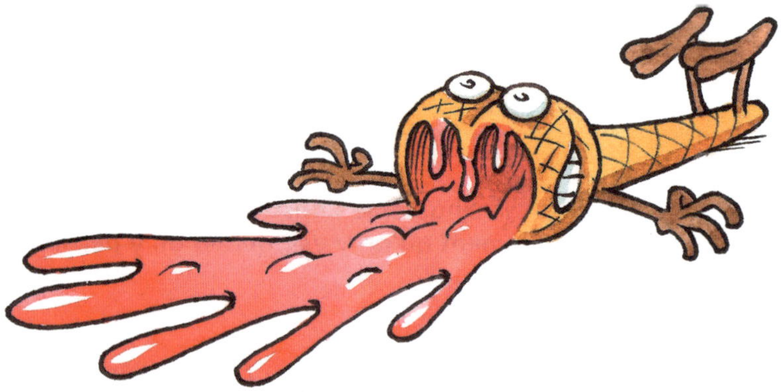

En 2022 on célèbre les 100 ans de la naissance de Jack Kerouac, l'un des auteurs américains les plus importants du xxe siècle. Prenez la route avec ce quiz qui vous fera voyager sur les traces de cette icône de la littérature.

1. Quel est le véritable nom de Jack Kerouac ?
a. Jack Kéroack
b. Jackson Kerouac
c. Jean-Louis Kérouac

2. Dans quel sport est-il particulièrement doué ?
a. Le baseball
b. Le football américain
c. La course à pied

3. Dans quelle université a-t-il étudié ?
a. Harvard
b. Yale
c. Columbia

4. De quelle commune bretonne sa famille est-elle originaire ?
a. Saint-Brieuc
b. Lanmeur
c. Carhaix-Plouguer

5. À quel mouvement littéraire et artistique appartient-il ?
a. La Beat Generation
b. La Lost Generation
c. Le transcendantalisme

6. En quelle année son célèbre roman *Sur la route* est-il publié ?
a. 1937
b. 1947
c. 1957

7. Quel est le nom fictif de Kerouac dans *Sur la route* ?
a. Dean Moriarty
b. Sal Paradise
c. Elmer Hassel

8. Jack Kerouac a rédigé la biographie de quel poète français ?
a. Arthur Rimbaud
b. Charles Baudelaire
c. Guillaume Apollinaire

9. Quelle ville américaine a donné son nom à une rue ?
a. Boston
b. Los Angeles
c. San Francisco

SCIENCES

Flower power

Elles jaillissent de la terre, font le bonheur des jardins qu'elles habitent et sont hermaphrodites. Et oui, chez les angiospermes, la fleur, c'est avant tout l'organe reproducteur ! Entourez la bonne réponse pour l'heure…

1. Comment s'appelle l'organe reproducteur mâle d'une fleur ?
a. Le pistil
b. L'étamine
c. L'éthanol

2. Quel est le nom de l'organe reproducteur femelle d'une fleur ?
a. L'ovaire
b. Le style
c. Le pistil

3. Comment s'appelle l'ensemble des pétales d'une fleur ?
a. La corolle
b. La collerette
c. Le carpelle

4. Qu'est-ce que le stigmate d'une fleur ?
a. La loge dans laquelle se trouvent les ovules
b. L'extrémité renflée du pistil destinée à recevoir le pollen
c. La dégradation d'une fleur stigmatisée par les autres fleurs

5. Quel nom donne-t-on à la queue de la fleur ?
a. Le calice
b. Le filet
c. Le pédoncule

6. Comment s'appellent les plus grosses fleurs du monde ?
a. La fleur cadavre et le pénis de Titan
b. La fleur cercueil et le pénis royal
c. La fleur funèbre et le pénis d'Hercule

7. Qu'est-ce qu'un tépale ?
a. Un sépale qui ressemble à un pétale
b. Un pétale qui ressemble à un sépale
c. Un tépale est un pétale qui est lui-même un sépale

8. Où est contenu le pollen ?
a. Dans le réceptacle
b. Dans l'anthère
c. Dans l'étamine

9. Qu'est-ce qui se transforme en fruit dans la fleur ?
a. Le pollen
b. Le pistil
c. L'ovule

10. Quelle fleur est réputée pour donner une peau de rêve ?
a. La capucine
b. Le souci officinal
c. Le pavot jaune de Californie

GÉOGRAPHIE

Quiz géo, objectif 10/10

Si, comme Sylvain Tesson, vous pensez que « La géographie est la plus littéraire de toutes les disciplines scientifiques. » Laissez-vous embraquer vers ce quiz qui vous fera voyager aux quatre coins de la France… et au-delà !

1. Le mont Blanc est le plus haut sommet des Alpes ? À quelle altitude culmine-t-il ? ……
2. Comment se nomment les quatre grands fleuves français ? ……
3. Quel est le nom du fleuve qui marque la frontière entre la France et l'Allemagne ? ……
4. La France compte 5 départements et régions d'outre-mer (DROM), quels sont-ils ? ……
5. Combien la France compte-t-elle d'habitants ? ……
6. Quel est le point culminant du Massif Central ? ……
7. Dans quel département la forêt de Brocéliande est-elle située ? ……
8. Quel est le département français qui porte le numéro 74 ? ……
9. Combien de communes environ la France compte-t-elle ? ……
10. Quelle la superficie approximative de la France ? ……

CULTURE GÉNÉRALE

Qu'est-ce qu'on mange ?

Quand on fait du tourisme, c'est un passage obligé de goûter les spécialités locales ! En France, chaque région a sa spécialité locale, (pour faciliter les choses nous avons pris les anciens noms des régions) alors on mange quoi et où ? À vous de choisir la bonne réponse parmi les trois propositions.

1. **Le gratin dauphinois est une spécialité de quelle région ?**
   a. Picardie
   b. Auvergne
   c. Rhône-Alpes
2. **Le waterzoï est une spécialité de quelle région ?**
   a. Nord Pas-de-Calais
   b. Alsace
   c. Limousin
3. **La gougère est une spécialité de quelle région ?**
   a. Basse-Normandie
   b. Aquitaine
   c. Bourgogne
4. **Le kouign-amann est une spécialité de quelle région ?**
   a. Lorraine
   b. Languedoc-Roussillon
   c. Bretagne
5. **La daube est une spécialité de quelle région ?**
   a. Midi-Pyrénées
   b. Provence-Alpes-Côte-d'Azur
   c. Poitou-Charentes
6. **La gâche est une spécialité de quelle région ?**
   a. Centre
   b. Pays de la Loire
   c. Limousin
7. **Le gâteau creusois est une spécialité de quelle région ?**
   a. Limousin
   b. Franche-Comté
   c. Ile de France
8. **Le pithiviers est une spécialité de quelle région ?**
   a. Centre-Val-de-Loire
   b. Haute-Normandie
   c. Champagne-Ardenne
9. **La cancoillotte est une spécialité de quelle région ?**
   a. Champagne-Ardenne
   b. Franche-Comté
   c. Nord-Pas-de-Calais
10. **La teurgoule est une spécialité de quelle région ?**
    a. Languedoc-Roussillon
    b. Bretagne
    c. Basse-Normandie

ORIGAMI

Profitez des vacances pour vous (re)mettre à l'origami, ou plus simplement l'art de plier du papier pour fabriquer ce que vous voulez, ou presque ! Pour cela, rien de plus simple, munissez-vous d'une feuille de papier carrée. Vous pouvez commencer par des classiques, comme le chien ou le cygne, avant de confectionner une grenouille ! Au Japon une légende dit : « Quiconque plie mille grues de papier verra son vœu exaucé. » Voilà de quoi vous occuper tout l'été...

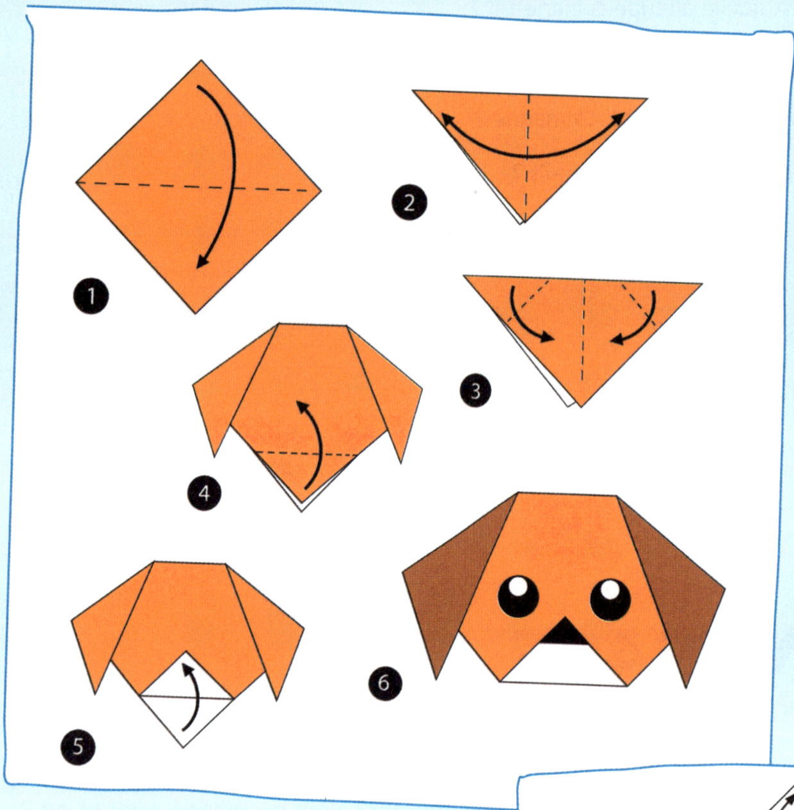

1. Le chien

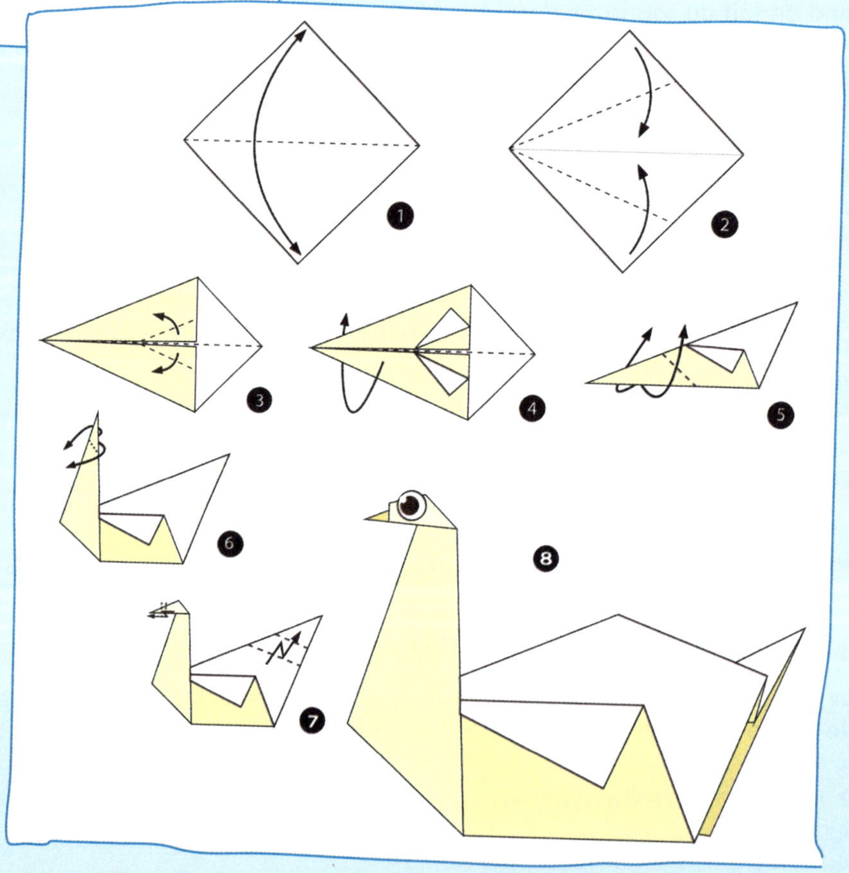

2. le cygne

3. La grenouille

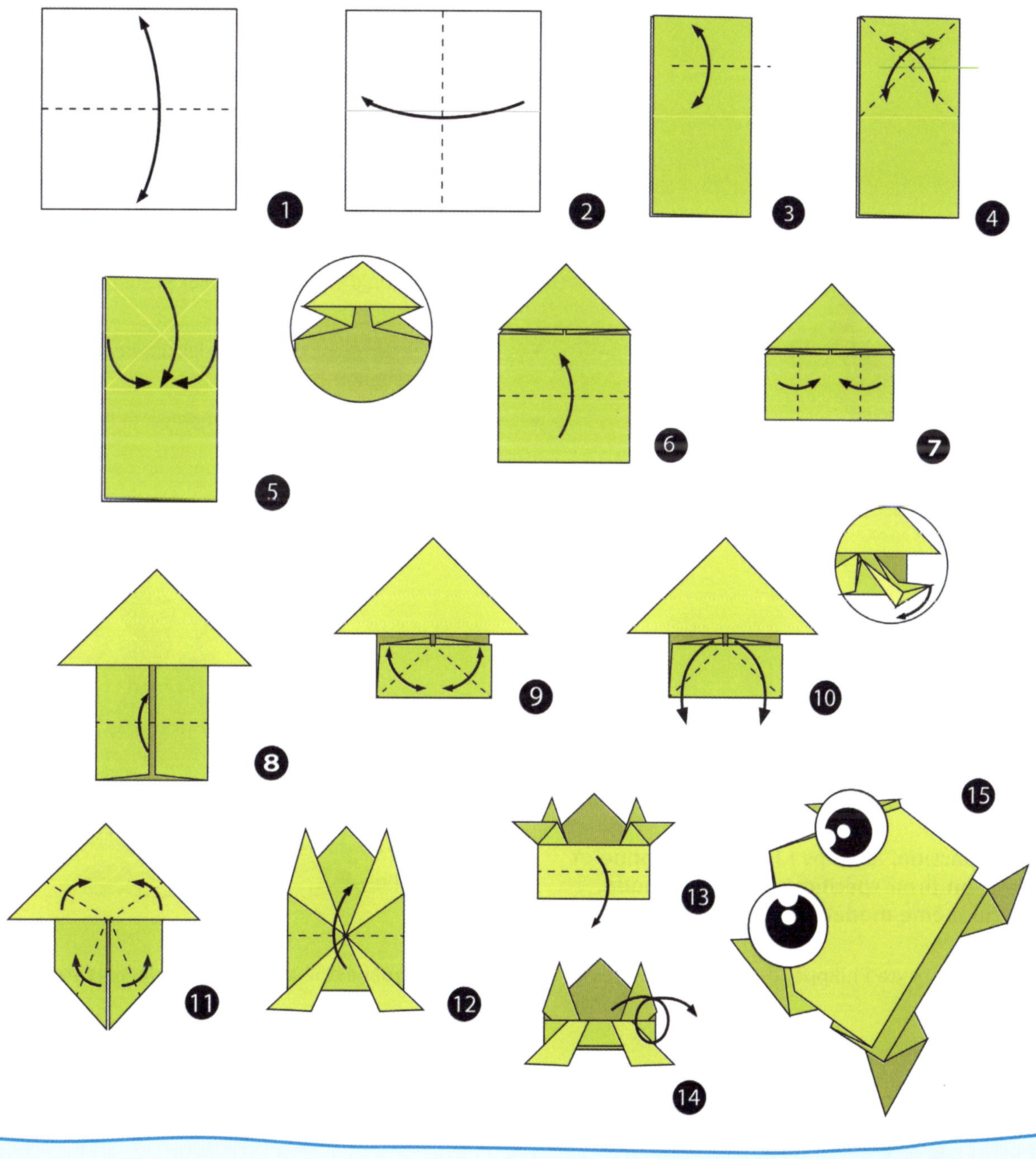

FRANÇAIS

Reliage, ô désespoir !

Au-delà d'être un art à part entière, le théâtre c'est aussi, et avant tout, un bon vieux genre littéraire ! Il est l'heure de sortir le grand jeu et de nous en mettre plein les yeux en reliant le bon nom à la bonne définition !

1. Acte •
2. Antagoniste •
3. Aparté •
4. Dialogue •
5. Didascalie •
6. Entracte •
7. Monologue •
8. Plateau •
9. Quiproquo •
10. Réplique •
11. Tirade •
12. Tragédie •

- • A. Développement long et ininterrompu d'un même thème par un personnage
- • B. Pièce de théâtre qui se dénoue par la mort d'un ou plusieurs personnages
- • C. Note rédigée par l'auteur à l'intention des acteurs ou du metteur en scène
- • D. Subdivision principale d'une pièce de théâtre
- • E. Scène où le personnage est seul et parle pour lui-même à voix haute
- • F. Malentendu qui fait prendre une personne ou une chose pour une autre
- • G. Texte d'un personnage dans un dialogue théâtral, en réponse aux questions ou au discours de son ou de ses partenaires
- • H. Réplique d'un personnage qui n'est entendue que par le public
- • I. Sol de la scène et des coulisses
- • J. Succession d'échanges verbaux entre plusieurs personnages
- • K. Espace de temps qui sépare les différents actes d'une représentation
- • L. Personnage ou groupe qui représente l'opposition du protagoniste

MATHS

Slips en folie

Philippe a une passion, les slips ! Il les collectionne et les range dans un tiroir spécifique de sa commode. Ils sont tous du même modèle, soit en rouge, soit en bleu.

1. Dans le tiroir à slips de Philippe, on a 7 slips rouges et 21 slips bleus. Quel est le pourcentage de slips rouges ?

....

....

2. On ajoute dans le tiroir 15 slips rouges et 5 slips bleus. Quel est le pourcentage de slips rouges ?

....

....

HISTOIRE

La conquête de l'Ouest

La conquête de L'Ouest : une histoire de colonies devenue un véritable mythe national aux États-Unis… Prêt pour le test ? On part pour le Far West ! Entourez la bonne réponse.

1. **Quand commence la conquête de l'Ouest ?**
   a. En 1776
   b. En 1876

2. **Que veulent faire les colons américains ?**
   a. Jouer à la guèguerre avec des lassos et des chevaux
   b. Agrandir leur territoire parce qu'ils le valent bien

3. **Pourquoi dit-on « Indiens d'Amérique » ?**
   a. Parce qu'avant l'Ouest c'était l'Inde
   b. Parce que lorsqu'on a découvert l'Amérique, on pensait que c'était l'Inde

4. **Comment appelle-t-on l'étendue située entre le Mississippi et l'océan Pacifique ?**
   a. La West Coast
   b. Le Far West

5. **Quel pays vend la Louisiane aux États-Unis en 1803 ?**
   a. La France
   b. La Hollande

6. **Vers quel territoire sont majoritairement déplacés les Amérindiens ?**
   a. Vers le Texas
   b. Vers l'Oklahoma

7. **Quels explorateurs américains sont les premiers à rejoindre la côte pacifique depuis la côte atlantique en 1806 ?**
   a. Lewis et Clark
   b. Les frères Dalton

8. **Comment les Américains font-ils pour envoyer des messages de l'est à l'ouest ?**
   a. Ils utilisent le Pony Express
   b. Ils utilisent l'Indian Express

9. **Quel chef amérindien des Sioux est massacré par le 7e régiment de cavalerie des États-Unis ?**
   a. Big Foot
   b. Buffalo Soldier

10. **Quelle grande découverte attire les foules en Californie à partir de 1848 ?**
   a. L'or
   b. Le pétrole

CULTURE GÉNÉRALE

Joyeux anniversaire !

Ces stars soufflent leurs 50 bougies en 2022 ! Saurez-vous retrouver qui est qui ? À vos stylos !

1……………………

2……………………

3……………………

4……………………

5……………………

6……………………

7……………………

8……………………

9……………………

10……………………

11……………………

12……………………

LITTÉRATURE

Lever de rideau

À vous de monter sur les planches et de briller grâce à vos connaissances hors pair en matière de théâtre ! Faites ce quiz pour découvrir si vous êtes incollable sur les pièces emblématiques et les dramaturges incontournables… à vous de jouer !

1. Qui est l'auteur de la tragédie grecque *Œdipe roi* ?
- **a.** Euripide
- **b.** Eschyle
- **c.** Sophocle

2. Quelle pièce de Victor Hugo a suscité la polémique lors de sa représentation ?
- **a.** *Le roi s'amuse*
- **b.** *Ruy Blas*
- **c.** *Hernani*

3. Dans quelle pièce de Shakespeare un prince veut-il venger l'assassinat de son père le roi du Danemark ?
- **a.** *Hamlet*
- **b.** *Macbeth*
- **c.** *Othello*

4. Dans quelle tragédie de Racine le héros doit renoncer à la femme qu'il aime pour gouverner ?
- **a.** *Phèdre*
- **b.** *Bérénice*
- **c.** *Andromaque*

5. Dans quelle pièce de Beaumarchais le personnage de Figaro apparaît-il pour la première fois ?
- **a.** *Le Mariage de Figaro*
- **b.** *La Mère coupable*
- **c.** *Le Barbier de Séville*

6. Quelle pièce a fait de Georges Feydeau le « roi du vaudeville » ?
- **a.** *Champignol malgré lui*
- **b.** *Un fil à la patte*
- **c.** *Le Dindon*

7. Qui est l'auteur du drame romantique *Lorenzaccio* ?
- **a.** Alfred de Musset
- **b.** Alfred de Vigny
- **c.** Alphonse de Lamartine

8. Quelle est la première pièce du théâtre de l'absurde écrite par Eugène Ionesco ?
- **a.** *Rhinocéros*
- **b.** *Le roi se meurt*
- **c.** *La Cantatrice chauve*

9. Qui est l'auteur de *La guerre de Troie n'aura pas lieu* ?
- **a.** Jean Cocteau
- **b.** Jean Giraudoux
- **c.** Jean Anouilh

10. Laquelle de ces pièces n'a pas été écrite par Jean-Paul Sartre ?
- **a.** *Huis clos*
- **b.** *Les Justes*
- **c.** *Les Mouches*

SCIENCES

Sur la plage abandonnée, coquillages et crustacés…

L'été est là et des fruits de mer, on en gobe en veux-tu en voilà. N'est-ce pas ? Que vous aimiez ou pas les crustacés, ce petit quiz gastro-scientifique, vous allez y passer ! Alors, vous êtes prêts ?

1. Qu'est-ce que la pénéiculture ?
- **a.** L'élevage de crabes
- **b.** L'élevage d'écrevisses
- **c.** L'élevage de crevettes

2. À quel poids correspond un litre de moules ?
- **a.** 600 grammes
- **b.** 800 grammes
- **c.** 1 kilo

3. Comment savoir si un coquillage est bon et frais ?
- **a.** Il doit être bien fermé
- **b.** Il doit bien flotter
- **c.** Il doit être beau et sentir bon

4. Lequel de ces coquillages ne fait pas partie de la famille des gastéropodes ?
- **a.** L'huitre
- **b.** Le bulot
- **c.** Le bigorneau

5. Lequel de ces coquillages est un mollusque bivalve de la famille des pectinidés ?
- **a.** Le bigorneau
- **b.** La coque
- **c.** La coquille Saint-Jacques

6. Lequel de ces crabes, aussi appelé pagure larron, est le plus grand arthropode terrestre ?
- **a.** Le crabe de palmier
- **b.** Le crabe de cocotier
- **c.** Le crabe de bananier

7. Combien d'œufs pond une crevette de trois ans ?
- **a.** 10 000
- **b.** 15 000
- **c.** 25 000

8. Qu'est-ce que les phyllosomes ?
- **a.** Les larves planctoniques des langoustes et des cigales de mer
- **b.** Les œufs des crevette caramote
- **c.** Les selles des crevettes blanches des Indes

9. Qu'est-ce qui permet aux moules de s'accrocher aux rochers ?
- **a.** Le byssus
- **b.** Le vyssus
- **c.** Le pyssus

10. Quel âge le homard peut-il atteindre ?
- **a.** 5 ans
- **b.** 15 ans
- **c.** 25 ans

GÉOGRAPHIE

La grande Russie

Étendue sur plus de 9 000 km d'ouest en est, depuis la mer Baltique jusqu'à l'océan Pacifique, la Fédération de Russie est, de loin, le plus vaste état du monde… Testez vos connaissances sur le pays qui fait trente fois la France !

1. Quelle est la capitale de la Russie ?
- **a.** Moscou
- **b.** Saint-Pétersbourg
- **c.** Kiev

2. Quelle est la monnaie russe ?
- **a.** Le dollar russe
- **b.** La livre russe
- **c.** Le rouble russe

3. Quelle est la densité de la population en Russie ?
- **a.** 3 habitants/km²
- **b.** 5 habitants/km²
- **c.** 8 habitants/km²

4. Combien y a-t-il d'habitants en Russie ?
- **a.** 100 000 000 d'habitants
- **b.** 140 000 000 d'habitants
- **c.** 240 000 000 d'habitants

5. Combien y a-t-il d'habitants à Moscou ?
- **a.** 5 000 000 d'habitants
- **b.** 8 000 000 d'habitants
- **c.** 11 000 000 d'habitants

6. Quel est le lac le plus profond de Russie et du monde ?
- **a.** Le lac Ladoga
- **b.** Le lac Baïkal
- **c.** Le lac Léman

7. Qu'est-ce qu'un oblast en Russie ?
- **a.** Une division administrative
- **b.** Une république
- **c.** Une ville fédérale

8. Quelles sont les trois villes fédérales de Russie ?
- **a.** Moscou, Saint-Pétersbourg et Kiev
- **b.** Moscou, Saint-Pétersbourg et Sébastopol
- **c.** Moscou, Saint-Pétersbourg et Vladivostok

9. Quelle est la plus grande ville russe par sa superficie ?
- **a.** Saint-Pétersbourg
- **b.** Moscou
- **c.** Ouglitch

10. Comment appelle-t-on un habitant de Moscou ?
- **a.** Un Moscouvite
- **b.** Un Moskovitch
- **c.** Un Moscovite

CULTURE GÉNÉRALE

Identité secrète révélée !

Contrairement à ce que l'on pourrait penser, la première chose à avoir pour être un super-héros ce n'est pas un super-pouvoir mais une identité secrète, un nom de code. Saurez-vous relier le nom de vos héros avec leur véritable identité ?

1. Superman •	• a. Tony Stark
2. Black Widow •	• b. Helen Parr
3. Hulk •	• c. Clark Kent
4. Captain Marvel •	• d. Peter Quill
5. Spiderman •	• e. Diana Prince
6. Wonder Woman •	• f. Bruce Wayne
7. Iron Man •	• g. Carol Danvers
8. Elastigirl •	• h. Natasha Romanoff
9. Starlord •	• i. Selena Kyle
10. La Sorcière rouge •	• j. Wanda Maximoff
11. Catwoman •	• k. Bruce Banner
12. Batman •	• l. Peter Parker

LA MUSIQUE DANS LA PEAU

Comme chaque été, c'est la fête, on fait bronzette et on pousse la chansonnette ! C'est le moment de révéler la bête de scène qui est en vous car cette année c'est vous la grande vedette du blind-test de l'été !

1. Some summer songs

Voici une liste de titres de chansons avec *summer* dedans… Trop facile Émile ! Reliez la chanson à l'artiste ou au groupe correspondant.

1. *Cruel Summer* •	• a. Bruce Springsteen
2. *Taste The Summer* •	• b. Gloria Estefan & Miami Sound Machine
3. *Summerboy* •	• c. Julien Doré
4. *Girls in Their Summer Clothes* •	• d. Bananarama
5. *Hot Summer Nights* •	• e. Duran Duran
6. *In the Summertime* •	• f. Kid Rock
7. *Summer Day* •	• g. Calvin Harris
8. *Summer* •	• h. Sheryl Crow
9. *L'été Summer* •	• i. Lady Gaga
10. *All Summer Long* •	• j. Mungo Jerry

2. La bonne rime

Toutes ces chansons sentent bon la mer et résonnent au pschitt-pschitt de la crème solaire… Si ça rime, ça va, mais bon, pas avec n'importe quoi ! Complétez avec a ou avec b.

1. « T'avais les cheveux blonds, un crocodile sur ton ______ »
(*Est-ce que tu viens pour les vacances ?*, David et Jonathan)
a. Blouson
b. Veston

2. « Wo ho si'wvlé ké pou nou dé sa kontinué, ban fil pou mwen pé ______ »
(*Maldon*, Zouk Machine)
a. Dansé
b. Boujé

3. « Nous reviendrons faire la fête aux crustacés, de la plage ______ »
(*La Madrague*, Brigitte Bardot)
a. Ensoleillée
b. Abandonnée

4. « Tous les petits gavroches et les têtes abîmées, et les faces de pioches autant que les ______ »
(*Tomber la chemise*, Zebda)
a. Minets
b. Poulets

5. « Ce soir j'irai danser le mambo, au Royal Casino sous les lambris ______ »
(*L'Amour à la plage*, Niagara)
a. Art déco
b. Rococo

6. « Ou pé pa sav, Angela Ki gen mwen aimé, lé ou ka di mwen ou ______ »
(*Angela*, Saïan Supa Crew)
a. Excité
b. Calmé

7. « Ese amor llega asi de esta manera, no tiene la ______ »
(*Bamboleo*, Gipsy Kings)
a. Culpa
b. Bambolea

8. « Il vit sa vie au bord de l'eau, coco et coquillages, un dollar pour prendre en photo, son plus beau ______ »
(*Il tape sur des bambous*, Philippe Lavil)
a. Sac de plage
b. Tatouage

3. Paroles, paroles, paroles…

Certains mots ont volontairement été effacés dans le cahier de paroles du karaoké. Trouvez le coupable… euh… non, trouvez le bon mot, plutôt !

A. Oiseau ; B. Bonheur ; C. Soda ; D. Corps ; E. Péché ; F. Vent ; G. Square ; H. Quai ; I. Chat ; J. Bongo.

1. « Oh femme unique, __________, désir, pour un serpent de bible, a brisé son empire. »
(*Ève lève-toi*, Julie Pietri)

2. « Nos jeux dans les vagues près du __________, je n'ai vu le temps passer. »
(*Hélène*, Rock Voisine)

3. « Il y a même un __________, une tortue, des poissons rouges, Il ne manque rien. »
(*Le Sud*, Nino Ferrer)

4. « Joe le taxi, il va pas partout, Il marche pas au __________. »
(*Joe le taxi*, Vanessa Paradis)

5. « Une amitié qui s'élance comme un __________, Pas une histoire d'amour d'vacances, qui finit dans l'eau. »
(*Un roman d'amitié*, Elsa Lunghini)

6. « J'ai du soleil sur la peau, j'ai dans le cœur un __________. »
(*Les Sunlights des tropiques,* Gilbert Montagné)

7. « Paroles et paroles et paroles, et encore des paroles que tu sèmes au __________. »
(*Paroles, paroles*, Dalida et Alain Delon)

8. « Je me souviens des marées hautes, du soleil et du __________ qui passaient sur la mer
Il y a une éternité, un siècle, il y a un an. » (*L'été indien*, Joe Dassin)

9. « Il est six heures au clocher de l'église, dans le __________ les fleurs poétisent, Une fille va sortir de la mairie. »
(*Les mots bleus*, Christophe)

10. « Allongé sur le sable et bercé par les vagues, notre petit __________ bronzé était vêtu de moitié. »
(*Vacances, j'oublie tout*, Élégance)

4. Danses de l'été

Qui dit tube de l'été, dit danse de folie et super choré… Vous souvenez-vous de l'année de votre plus beau déhanché ? Reliez la chanson à l'été qui lui correspond !

1. *Soca Dance*	•	•	a. Été 2010
2. *Ketchup song*	•	•	b. Été 1989
3. *Jerusalema*	•	•	c. Été 2000
4. *Waka waka*	•	•	d. Été 1990
5. *Mambo n°5*	•	•	e. Été 2020
6. *La Macarena*	•	•	f. Été 1998
7. *La lambada*	•	•	g. Été 2002
8. *Yekalelo*	•	•	h. Été 1996

FRANÇAIS

L'accord parfait

Vous appréciez les lectures estivales à l'ombre d'un arbre ou sur la plage ? La conjugaison, avec ses temps et ses accords, ne vous donne pas de maux de tête ? Vous êtes au bon endroit ! Accordez les verbes entre parenthèses en les conjuguant au temps indiqué.

« C'était sous le hangar de la charretterie que la table .... **(être, imparfait)** dressée. Il y .... **(avoir, imparfait)** dessus quatre aloyaux, six fricassées de poulets, du veau à la casserole, trois gigots, et, au milieu, un joli cochon de lait rôti, flanqué de quatre andouilles à l'oseille. Aux angles, se .... **(dresser, imparfait)** l'eau-de-vie dans des carafes. Le cidre doux en bouteilles .... **(pousser, imparfait)** sa mousse épaisse autour des bouchons, et tous les verres, d'avance, ... **(être, plus-que-parfait)** remplis de vin jusqu'au bord. De grands plats de crème jaune, qui .... **(flotter, imparfait)** d'eux-mêmes au moindre choc de la table, ... **(présenter, imparfait)**, dessinés sur leur surface unie, les chiffres des nouveaux époux en arabesques de nonpareille. On c .... **(être, plus-que-parfait)** chercher un pâtissier à Yvetot, pour les tourtes et les nougats. Comme il .... **(débuter, imparfait)** dans le pays, il .... **(avoir, imparfait)** soigné les choses ; et il .... **(apporter, passé simple)**, lui-même, au dessert, une pièce montée qui .... **(faire, passé simple)** pousser des cris. »

Gustave Flaubert, *Madame Bovary*, 1857.

MATHS

Des chiffres et des chiffres

Pour cet exercice à haute teneur en logique mathématique il vous suffit de mettre des chiffres dans les cases ci-dessous… Pas n'importe comment, hein !

On vous explique :
- **3 est à gauche de 1 et au-dessus de 5**
- **8 est à gauche de 2 et au-dessus de 6**
- **7 est dans un angle en dessous du 5 et à côté du 6**
- **le total des colonnes est égal**
- **les chiffres de 1 à 9 doivent être utilisés une seule fois chacun**

HISTOIRE

C'était quand ça déjà ?

Avez-vous gardé en mémoire les dates phares de vos vieux cahiers d'histoire ? Testez-vous, si besoin, avec ce petit exercice en dix points… Reliez l'année à l'événement correspondant.

1. 1981 •
2. 1949 •
3. 1991 •
4. 1492 •
5. 1944 •
6. 1961 •
7. 1918 •
8. 1789 •
9. 1894 •
10. 1453 •

- • a. Affaire Dreyfus
- • b. Prise de la Bastille
- • c. Armistice marquant la fin de la Première Guerre mondiale
- • d. Prise de Constantinople par les Turcs
- • e. Construction du mur de Berlin
- • f. Droit de vote des femmes en France
- • g. Éclatement de l'URSS et fin du communisme
- • h. Proclamation de la République populaire de Chine
- • i. Abolition de la peine de mort en France avec François Mitterrand
- • j. Découverte de l'Amérique par Christophe Colomb

CULTURE GÉNÉRALE

We will always love you

Whitney Houston était une chanteuse et une actrice exceptionnelle. Cette année cette icône nous aura quitté depuis dix ans, pour ne pas se concentrer sur cette triste nouvelle nous vous avons fait un petit quiz sur son parcours pavé de succès. Choisissez la bonne réponse parmi les trois propositions.

1. Quel fut le titre du premier album de Whitney Houston ?
a. Whitney Houston
b. Whitney
c. Just Whitney

2. Combien d'albums Whitney Houston a-t-elle sortis ?
a. 10
b. 13
c. 7

3. À combien d'exemplaires s'est vendu le premier album de Whitney Houston ?
a. 25 millions
b. 15 millions
c. 35 millions

4. Quel métier exerçait Whitney Houston avant la sortie de son premier album ?
a. Actrice
b. Vendeuse
c. Mannequin

5. Comment s'appelle son personnage dans le film *The Bodyguard* ?
a. Julia Biggs
b. Rachel Marron
c. Miranda Smith

6. Qui a écrit et composé la chanson *I will always love you* ?
a. Whitney Houston
b. Dolly Parton
c. Mariah Carey

7. De quel film Whitney Houston n'est-elle pas productrice ?
a. *Princesse malgré elle*
b. *Les Cheetah Girls*
c. *La Femme du pasteur*

8. Avec qui Whitney Houston interprète-t-elle la chanson *When you believe* pour la bande originale du film d'animation *Prince d'Egypte* ?
a. Mariah Carey
b. Alicia Keys
c. R. Kelly

9. En quelle année Whitney Houston remporte-t-elle le Grammy Award de l'album de l'année ?
a. 1994
b. 1985
c. 1974

10. Combien de disques de platine reçoit l'album *I'm your baby tonight* ?
a. 5
b. 4
c. 3

LITTÉRATURE

La vie en rouge

Je ne me souviens plus du titre, mais la couverture est rouge… Associez le titre à la couverture du livre correspondante… Et comme ce sont les vacances, on imagine que vous avez plus de temps pour lire, alors considérez cet exercice comme une façon colorée de vous donner des idées de lecture !

Les yeux rouges • Une fille comme elle • Le Seigneur des Anneaux • Les Promises • Le théorème des Katherine • La servante écarlate • Les Passagers • Lazy Bird • Méfiez-vous des enfants sages • Ciao Bianca • La vie est un roman • Harry Potter à l'école des sorciers

1.................

2.................

3.................

4.................

5.................

6.................

7.................

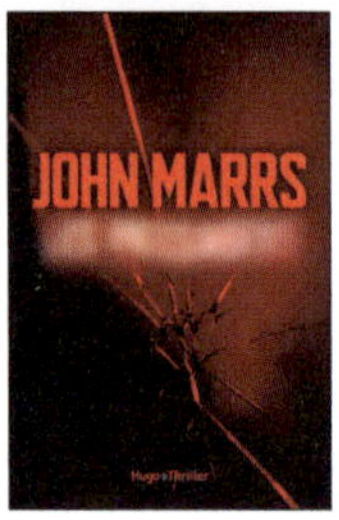

8.................

9.................

10.................

11...............

12...............

SCIENCES

Instant félin

Ils sont à la fois beaux, craquants et parfois super flippants… Focus sur les tigres, lions, panthères et autres félins avec ce quiz incisif où connaissances et instinct sont de mise ! Entourez la bonne réponse.

1. Quel est le plus grand félin sauvage ?
a. Le tigre de l'Amour
b. Le lion de la passion
c. La panthère de la haine

2. Combien de terminaisons nerveuses un félin a-t-il ?
a. 17 millions
b. 18 millions
c. 19 millions

3. Quel félin reste toujours les griffes sorties ?
a. Le guépard
b. La panthère
c. Le jaguar

4. Quel est le nom scientifique du chat domestique ?
a. Le *felis domus*
b. Le *felis catus*
c. Le *felis chatus*

5. Jusqu'à combien de mètres le serval peut-il sauter en hauteur ?
a. 1
b. 2
c. 3

6. Combien d'heures les chats dorment-ils par jour ?
a. 3 à 6 heures
b. 13 à 16 heures
c. 16 à 23 heures

7. Quel félin a de longs pinceaux de poils noirs à l'extrémité des oreilles ?
a. Le caracal
b. Le serval
c. Le chat des sables

8. Quel est le temps de gestation d'une panthère ?
a. 1 à 3 mois
b. 3 à 4 mois
c. 6 à 9 mois

9. Quelle quantité de viande un lion consomme-t-il par jour ?
a. 1 à 2 kilos
b. 5 à 10 kilos
c. 20 à 30 kilos

10. Quel félin est aussi appelé couguar ?
a. Le puma
b. Le léopard
c. Le Jaguar

GÉOGRAPHIE

Quiz capital

Avant de préparer vos sacs à dos pour explorer les capitales les plus bath d'Europe, une petite remise à niveau s'impose… On y va ou on se repose ? Entourez la bonne réponse.

1. **Quelle est la capitale de la Roumanie ?**
   a. Belgrade
   b. Budapest
   c. Bucarest

2. **Quelle est la capitale du pays où se situe la ville de Bergen ?**
   a. Oslo
   b. Stockholm
   c. Helsinki

3. **Comment s'appelle la capitale de la principauté d'Andorre ?**
   a. Andorre-la-Vieille
   b. Andorre-la-Jeune
   c. Andorre-la-Jolie

4. **Quelle est la capitale de la Pologne ?**
   a. Varsovie
   b. Cracovie
   c. Bratislava

5. **Quelle est la capitale la plus peuplée d'Europe ?**
   a. Madrid
   b. Berlin
   c. Paris

6. **Quelle est la capitale de la Slovénie ?**
   a. Ljubljana
   b. Maribor
   c. Budapest

7. **De quel pays la ville de Zagreb est-elle la capitale ?**
   a. La Croatie
   b. La Bosnie-Herzégovine
   c. La Lituanie

8. **Quelle est la superficie de Prague ?**
   a. 296 km^2
   b. 496 km^2
   c. 696 km^2

9. **Quelle distance sépare Madrid de Lisbonne ?**
   a. 230 km
   b. 630 km
   c. 830 km

10. **Comment s'appelle la capitale de l'Islande ?**
   a. Reyeikjavig
   b. Reikjavik
   c. Reykjavik

CULTURE GÉNÉRALE

Joyeux centenaire

Michel Galabru est né le 27 octobre 1922, ce qui veut dire que cette année nous fêtons le centenaire de sa naissance ! Ce grand acteur français a eu une carrière bien remplie sur laquelle nous revenons dans ce quiz. Entourez la bonne réponse parmi les trois propositions.

1. **De quel théâtre Michel Galabru a-t-il été le directeur ?**
   a. Théâtre des Mathurins
   b. Théâtre Dix Heures
   c. Théâtre Michel

2. **En quelle année Michel Galabru intègre-t-il la comédie française ?**
   a. 1950
   b. 1948
   c. 1946

3. **Pour quel film Michel Galabru reçut-il le César du meilleur acteur ?**
   a. *Le Juge et l'Assassin*
   b. *Le Gendarme de Saint-Tropez*
   c. *La Cage aux folles*

4. **Dans environ combien de films et téléfilms Michel Galabru a-t-il joué ?**
   a. 150
   b. 260
   c. 300

5. **Combien d'années Michel Galabru passe-t-il à la Comédie Française ?**
   a. 5
   b. 7
   c. 9

6. **Quelle décoration reçoit Michel Galabru en 2011 ?**
   a. Chevalier de la Légion d'honneur
   b. Chevalier des Arts et des Lettres
   c. Commandeur de l'ordre des Arts et des Lettres

7. **Quel est le premier livre de Michel Galabru paru en 1996 ?**
   a. *Galabru raconte Guitry*
   b. *Je l'ai perdue au 18*
   c. *Vous m'avez compris : pensées, répliques et anecdotes*

8. **Quel rôle joue Michel Galabru dans *Papy fait de la résistance* de Jean-Marie Poiré ?**
   a. Papy
   b. Guy-Hubert Bourdelle
   c. Adolfo Ramirez

9. **Quelle pièce de théâtre de son fils Jean Galabru, Michel Galabru a-t-il mis en scène ?**
   a. *La Poule aux œufs d'or*
   b. *La Femme du boulanger*
   c. *Bon appétit messieurs*

10. **Quel est le nom de son personnage dans la série de film *Le Gendarme de Saint Tropez* ?**
   a. Ludovic Cruchot
   b. Jérôme Gerber
   c. Merlot

SUDOKUS N°2

Les règles du sudoku sont simples : une grille de sudoku contient neuf lignes et neuf colonnes, donc 81 cases au total. En partant des chiffres déjà inscrits, remplissez les grilles de manière que chaque ligne, chaque colonne et chaque carré de 3 x 3 contienne une seule et unique fois tous les chiffres de 1 à 9.

À vous de remplir ces grilles réparties selon quatre niveaux : facile, moyen, difficile et expert.

1. Sudokus faciles

A

	5				8	3		
	6			7	9	2		8
	8		2			5		9
		9	3	5	7			2
	7						5	
2			8	6	4	1		
8		7			5		2	
5		3	7	9			1	
		6	1				3	

B

4	9		1	6		3		
3			2				7	
5					8		6	4
	6	9			2	7	1	3
				7				
7	5	4	3			2	9	
6	3		7					8
	4				6			1
		1		2	3		4	7

2. Sudokus moyens

C

1				5				7
		7	1	8			2	5
								4
4	6							
	2	1	9		4	5	6	
							8	1
9								
6	3			4	7	1		
5				1				2

D

	9	4				2		
		6			3	4		7
	3		5		2			
3			7		4	5		
9	7			1			4	3
		1	6		8			9
			8		6		9	
2		3	4			1		
		9				8	5	

3. Sudokus difficiles

E

	5				7	3		2
	4			2				6
	2		3	5				9
	6						5	3
		7		9		1		
9	1						6	
3				1	2		9	
1				7			3	
2		5	6				8	

F

5	7	6		8				1
			1					5
	8	1	4					3
			8	3			4	
	3			4			8	
	6			5	2			
3					8	9	2	
6					4			
8				1		6	3	7

4. Sudokus experts

G

4			9			6	8	
		8	4		3	7	5	
	9							3
	2			5				6
			2	4	1			
3				8			2	
7							6	
	6	2	1		4	8		
	4	3			6			2

H

		4	8		6		3	2
						6	1	
			9		2			
		1		2	7	9	4	
			4		1			
	4	2	5	9		3		
			2		5			
	7	8						
4	2		1		9	8		

FRANÇAIS

La conjugaison du bonheur !

Parce que le passé simple n'est pas si simple que ça, il peut parfois donner quelques sueurs froides… mais tout s'arrange avec un peu d'entraînement ! Essayez donc de conjuguer correctement ces verbes au passé simple.

Taire

je……………………………………
tu……………………………………
il, elle……………………………
nous………………………………
vous………………………………
ils, elles…………………………

Craindre

je……………………………………
tu……………………………………
il, elle……………………………
nous………………………………
vous………………………………
ils, elles…………………………

Bouillonner

je……………………………………
tu……………………………………
il, elle……………………………
nous………………………………
vous………………………………
ils, elles…………………………

Suivre

je……………………………………
tu……………………………………
il, elle……………………………
nous………………………………
vous………………………………
ils, elles…………………………

Boire

je……………………………………
tu……………………………………
il, elle……………………………
nous………………………………
vous………………………………
ils, elles…………………………

Rire

je……………………………………
tu……………………………………
il, elle……………………………
nous………………………………
vous………………………………
ils, elles…………………………

MATHS

Additions à trous

Le petit Maurice-André a renversé son verre de grenadine sur son cahier de vacances. Aidez-le à trouver les chiffres qui manquent avant votre tournoi de pétanque.

```
  178_        _914        194_
- _515      + 193_      - _18
--------    --------    --------
  _74        3_53         _4

  _31         _9_         20_
- 1095      + 476       - _80
--------    --------    --------
  33_        19_8         28
```

HISTOIRE

Le temps des Trente Glorieuses

Au lendemain de la Seconde Guerre mondiale, les pays industrialisés connaissent une croissance économique puissance 3000 ! Plein emploi, giga pouvoir d'achat et essor de la consommation de masse… Avec du recul, les Trente glorieuses, c'est de la folie furieuse !

1. **Quel économiste invente le terme des Trente Glorieuses ?**
   a. Jean Fourastié
   b. Raymond Barre
   c. Nicolas Sarkis

2. **Quel événement historique crucial met fin aux Trente Glorieuses ?**
   a. La fin de la Guerre Froide en 1962
   b. Le premier choc pétrolier en 1973
   c. La catastrophe nucléaire de Tchernobyl en 1986

3. **À quelle date ouvre le premier supermarché à Paris ?**
   a. En 1947
   b. En 1957
   c. En 1967

4. **Quelle est le premier hypermarché inauguré en France en 1963 ?**
   a. Carrefour
   b. Continent
   c. Prisunic

5. **Quel est le taux de croissance par an en France durant cette période ?**
   a. 1 %
   b. 3 %
   c. 5 %

6. **En quelle année est instaurée la quatrième semaine de congés payés ?**
   a. En 1959
   b. En 1969
   c. En 1979

7. **En combien d'exemplaires est produite la superbe Dauphine Renault ?**
   a. 500 000
   b. 1 000 000
   c. 2 000 000

8. **En quelle année le taux d'équipement des ménages dépasse-t-il 50 % ?**
   a. En 1967
   b. En 1970
   c. En 1973

9. **Sur quelle chaîne de l'ORTF passe-t-on du noir et blanc à la couleur en 1964 ?**
   a. La 1re chaîne
   b. La 2e chaîne
   c. La 3e chaîne

10. **Comment s'appelle le train super rapide (pour l'époque) reliant Paris à Toulouse ?**
   a. Le Capital
   b. Le Capitole
   c. Le Capitule

CULTURE GÉNÉRALE

Tout droit sorti du Japon

Des œuvres colorées, pop avec une influence de l'imagerie des mangas… il ne peut s'agir que de Takashi Murakami ! Cet exercice de vrai ou faux vous permettra d'en apprendre un peu plus sur cet artiste haut en couleur.

1. **Takashi Murakami est docteur en peinture Nihonga, un mouvement artistique japonais de 1880.**
   Vrai Faux

2. **En 2018, Takashi Murakami collabore avec Louis Vuitton sur une collection.**
   Vrai Faux

3. **L'artiste est considéré comme le successeur d'Andy Warhol.**
   Vrai Faux

4. **Une œuvre de Takashi Murakami a été vendu 420 000 euros dans une vente aux enchères.**
   Vrai Faux

5. **La première exposition hors du Japon de l'artiste plasticien a eu lieu aux États-Unis.**
   Vrai Faux

6. **Il a réalisé le clip *Good Morning* du rappeur Kanye West.**
   Vrai Faux

7. **En 2006, Takashi Murakami est classé 6e artiste le plus cher du monde.**
   Vrai Faux

8. **Takashi Murakami est aussi l'auteur du film *Jellyfish Eyes*.**
   Vrai Faux

9. **Takashi Murakami n'a jamais fini ses études secondaires.**
   Vrai Faux

10. **Takashi Murakami n'a jamais exposé dans la galerie des Glaces à Versailles.**
   Vrai Faux

LITTÉRATURE

La littérature au féminin

Il est temps de réveiller le poète qui sommeille en vous : reliez chaque recueil de poèmes à son auteur.

1. *Alcools* •	• A. Joachim Du Bellay
2. *Capitale de la douleur* •	• B. Louis Aragon
3. *Émaux et Camées* •	• C. Arthur Rimbaud
4. *Fureur et Mystère* •	• D. Francis Ponge
5. *Le Parti pris des choses* •	• E. Théophile Gautier
6. *Les Orientales* •	• F. Paul Éluard
7. *Les Regrets* •	• G. Paul Verlaine
8. *Les Yeux d'Elsa* •	• H. Guillaume Apollinaire
9. *Poèmes saturniens* •	• I. Victor Hugo
10. *Une saison en enfer* •	• J. René Char

SCIENCES

Un petit geste pour la planète ?

Alors que la planète n'est pas au top de sa forme, adopter des gestes écologiques et responsables n'est pas une mince affaire mais s'avère plus que nécessaire ! Aller, pour l'heure, c'est le quiz zéro déchet erreur !

1. **Combien de litres d'eau s'échappent chaque jour d'une chasse d'eau qui fuit ?**
a. Environ 200 litres (mieux vaut appeler le plombier)
b. Environ 400 litres (mieux vaut appeler le plombier sans tarder)
c. Environ 600 litres (mieux vaut appeler le plombier fissa)

2. **Quelle est la température recommandée à l'intérieur d'un logement ?**
a. 16°C
b. 19°C
c. Il faut adapter, ça dépend des pièces

3. **Que faut-il faire pour aérer son logement en limitant sa consommation d'énergie ?**
a. Ouvrir en grand les fenêtres deux fois par jour
b. Laisser entre-ouverte une fenêtre toute la journée
c. Laisser fermé et mettre la clim (on s'en fout)

4. **Lequel de ces outils est utile pour maîtriser sa consommation d'électricité ?**
a. L'anémomètre
b. L'altimètre
c. Le wattmètre

5. **Qu'est-il préférable d'utiliser pour bien nettoyer la cuisine et la salle de bain ?**
a. De l'eau et de la Javel
b. Des produits désinfectants ou antibactériens
c. Un nettoyant multi-usages

6. **Quel est le meilleur type d'ampoules en termes d'efficacité et d'économies d'énergie ?**
a. À Led
b. À économie d'énergie
c. Halogène

7. **Combien de temps met un masque jetable à se dégrader dans la nature ?**
a. 10 mois
b. 100 ans
c. 500 ans

8. **Lequel de ces déchets organiques ne va pas dans un composteur ?**
a. Les épluchures du citron
b. Les coquilles d'œuf
c. Le filtre en papier du café

9. **De combien le compostage peut-il diminuer la taille de votre poubelle ?**
a. D'un quart
b. D'un tiers
c. De la moitié

10. **Lequel de ces objets zéro déchet n'existe pas ?**
a. Le film alimentaire en cire d'abeille
b. Les éponges en slips et en chaussettes
c. Les préservatifs en soie

GÉOGRAPHIE

Vacances sans frontières

Vous avez vos papiers d'identité ? C'est le moment de vérifier parce qu'ici, on passe les frontières et il serait dommage de devoir faire marche arrière… C'est parti pour le quiz vacances sans frontières !

1. **Combien de pays ont une frontière avec la France métropolitaine ?**
   a. 6
   b. 8
2. **À quel endroit la France et les Pays-Bas ont-ils une frontière ?**
   a. Sur l'île Saint-Barthélemy
   b. Sur l'île Saint-Martin
3. **Quel pays possède la plus grande longueur de frontière ?**
   a. La Chine
   b. La Russie
4. **Lequel de ces pays partage une frontière avec la Roumanie ?**
   a. La Slovaquie
   b. La Moldavie
5. **Comment sont les frontières dans l'espace Schengen ?**
   a. Sans contrôles
   b. Avec des contrôles partout, tout le temps
6. **Combien de pays limitrophes possède la Norvège ?**
   a. 2
   b. 3
7. **Quel pays n'a pas de frontière avec le Costa Rica ?**
   a. Le Panama
   b. Le Guatemala
8. **Avec lequel de ces pays le Tchad a-t-il une frontière ?**
   a. Le Nigéria
   b. L'Algérie
9. **Quelle est la longueur de la frontière franco-monégasque ?**
   a. 5,5 km
   b. 15,5 km
10. **Lequel de ces pays a une frontière avec l'Ouzbékistan ?**
    a. Le Kazakhstan
    b. Le Pakistan

CULTURE GÉNÉRALE

Ça glisse

Les Jeux Olympiques d'hiver existent depuis 1924. Des dizaines de pays ont chaleureusement proposé leur accueil pour la compétition, et cette année, c'est au tour de Pékin d'ouvrir ses portes. Êtes-vous incollable sur ce grand événement sportif ? Pour vous en assurer, faites le quiz !

1. **Quel pays totalise le plus de médailles aux jeux Olympiques d'hiver ?**
   a. La Russie
   b. La Norvège
   c. La Suède
2. **Lequel de ces sports ne figure pas aux jeux Olympiques d'hiver ?**
   a. Les raquettes
   b. La luge
   c. Le curling
3. **Où ont eu lieu les JO d'hiver de 2018 ?**
   a. Vancouver
   b. Sotchi
   c. Pyeongchang
4. **Quel pays a été le premier organisateur des jeux Olympiques d'hiver ?**
   a. La Suisse
   b. La France
   c. L'Italie
5. **Lors de cette première édition, sur 258 athlètes, combien étaient des femmes ?**
   a. 13
   b. 27
   c. 54
6. **Quelle est la cause de l'annulation des JO d'hiver de 1940 ?**
   a. Les conditions météorologiques
   b. La Seconde Guerre mondiale
   c. Trop peu d'athlètes étaient disponibles
7. **En quelle année les JO d'hiver ont-ils été diffusés à la télévision pour la première fois ?**
   a. 1952
   b. 1956
   c. 1963
8. **Qui est le fondateur des jeux Olympiques d'hiver ?**
   a. Pierre de Coubertin
   b. Michael Morris
   c. Avery Brundage
9. **Combien de sports sont représentés aux JO d'hiver ?**
   a. 7
   b. 9
   c. 15
10. **Les jeux Olympiques d'hiver ont lieu à quelle fréquence ?**
    a. Tous les deux ans
    b. Tous les quatre ans
    c. Tous les six ans

JEUX DE LETTRES N°2

Suivez de nouveau les consignes à la lettre et ça devrait passer comme une lettre à la poste !

1. Les mots coupés

Dans cette grille, des mots de six lettres ont été coupés ! À vous de les assembler comme bon vous semble pour reconstituer au moins 20 mots. À vos stylos !

CAN	CAR	CER	DER
EPU	NER	NET	OPE
RAI	RER	SAU	SON
TER	TES	VAN	VOL

---------------------------------- ----------------------------------

---------------------------------- ----------------------------------

---------------------------------- ----------------------------------

---------------------------------- ----------------------------------

---------------------------------- ----------------------------------

---------------------------------- ----------------------------------

---------------------------------- ----------------------------------

---------------------------------- ----------------------------------

---------------------------------- ----------------------------------

---------------------------------- ----------------------------------

2. Anagrammes

Mélangez les lettres des mots ci-dessous pour former un autre mot ! Un indice : les mots à trouver sont tous des noms de légume !

TALOCHEE : ....

ORIPEAU : ....

PRÉSAGE : ....

BRICOLO : ....

DIRAS : ....

VANTE : ....

DEVINE : ....

COTTERA : ....

LITEAU : ....

PEINDRA : ....

3. Lettres mélangées

Les lettres ci-dessous ont été mélangées, pour chaque groupe de lettres essayez de reconstituer un maximum de mots !

a. Avec les lettres : A – O – U – P – B – F – R – V – L – E

* TROUVEZ AU MOINS 4 MOTS DE 7 LETTRES :

....

* TROUVEZ AU MOINS 5 MOTS DE 6 LETTRES :

....

* TROUVEZ AU MOINS 6 MOTS DE 5 LETTRES :

....

b. Avec les lettres : A – I – F – G – E – R – T – H – O – S

* TROUVEZ AU MOINS 4 MOTS DE 6 LETTRES :

....

* TROUVEZ AU MOINS 5 MOTS DE 5 LETTRES :

....

....

* TROUVEZ AU MOINS 6 MOTS DE 4 LETTRES :

....

....

c. Avec les lettres : L – M – T – Q – R – E – A – H – U – R

* TROUVEZ AU MOINS 4 MOTS DE 7 LETTRES :

....

....

* TROUVEZ AU MOINS 5 MOTS DE 6 LETTRES :

....

....

* TROUVEZ AU MOINS 6 MOTS DE 5 LETTRES :

....

....

4. Les mots coupés

Dans cette grille, des mots de six lettres ont été coupés ! À vous de les assembler comme bon vous semble pour reconstituer au moins 20 mots. À vos stylos !

BRI	CLI	BRO	CHE
DER	MAN	EVE	FLE
MER	SOU	QUE	SOC
TAN	TRI	TAR	TRA

------------------------------ ------------------------------

------------------------------ ------------------------------

------------------------------ ------------------------------

------------------------------ ------------------------------

------------------------------ ------------------------------

------------------------------ ------------------------------

------------------------------ ------------------------------

------------------------------ ------------------------------

------------------------------ ------------------------------

------------------------------ ------------------------------

FRANÇAIS

Quel beau temps !

À défaut de rattraper le temps perdu, vous pouvez toujours repérer le temps des verbes surlignés dans cet extrait de *La Parure* de Guy de Maupassant. À vous de jouer !

« Elle **dansait** avec ivresse, avec emportement, grisée par le plaisir, ne **pensant** plus à rien, dans le triomphe de sa beauté, dans la gloire de son succès, dans une sorte de nuage de bonheur fait de tous ces hommages, de toutes ces admirations, de tous ces désirs éveillés, de cette victoire si complète et si douce au cœur des femmes.

Elle **partit** vers quatre heures du matin. Son mari, depuis minuit, **dormait** dans un petit salon désert avec trois autres messieurs dont les femmes **s'amusaient** beaucoup.

Il lui **jeta** sur les épaules les vêtements qu'il avait apportés pour la sortie, modestes vêtements de la vie ordinaire, dont la pauvreté jurait avec l'élégance de la toilette de bal. Elle le sentit et **voulut** s'enfuir, pour ne pas **être** remarquée par les autres femmes qui s'enveloppaient de riches fourrures.

Loisel la retenait : "**Attends** donc. Tu **vas** attraper froid dehors. Je vais appeler un fiacre."

Mais elle ne l'écoutait point et **descendait** rapidement l'escalier. Lorsqu'ils **furent** dans la rue, ils ne trouvèrent pas de voiture ; et ils se **mirent** à chercher, **criant** après les cochers qu'ils **voyaient** passer de loin. »

MATHS

Code secret

Louis-Auguste a passé l'après-midi à la piscine du camping Les dauphins bleus, à 18 h 30 il doit retrouver Marie-Antoinette au bar pour déguster la spécialité locale, le cocktail Révolution. Avant de se rendre à son rendez-vous, Louis-Auguste aimerait récupérer ses vêtements qu'il a placés dans un casier... Casier fermé par un code à 5 chiffres qu'il a malheureusement oublié...

Trouvez le nombre de possibilités qu'il y a... et si vous êtes balèze, écrivez-le sous la forme d'une puissance d'un entier :

....

....

....

....

HISTOIRE

Lumière sur le siècle des Lumières !

Les Lumières, est un mouvement philosophique et littéraire qui, dans l'Europe du XVIIIe siècle, s'applique à combattre les ténèbres de l'ignorance par la diffusion du savoir… Allez, à vous de tester le vôtre pour voir !

1. **Qu'est-ce qui guide les philosophes des Lumières ?**
   a. La foi
   b. La raison
   c. Le pouvoir

2. **Comment s'appelle l'œuvre majeure des Lumières ?**
   a. *La Religieuse*
   b. *L'Encyclopédie*
   c. *De l'esprit des lois*

3. **Qui dirige la réalisation de *L'Encyclopédie* ?**
   a. Diderot et Voltaire
   b. Diderot et Rousseau
   c. Diderot et d'Alembert

4. **Quel genre littéraire fait son apparition lors du siècle des Lumières ?**
   a. Le surréalisme
   b. Le documentaire
   c. L'autobiographie

5. **Comment s'appelle le siècle des Lumières en Angleterre ?**
   a. Enlightement
   b. Luminosity
   c. Radiancy

6. **Que théorise Montesquieu dans *L'esprit des lois* en 1748 ?**
   a. La séparation des pouvoirs
   b. La séparation de l'Église et de l'État
   c. La liberté d'expression

7. **Comment devient la justice durant le siècle des Lumières ?**
   a. Moins sévère
   b. Plus sévère
   c. Complètement laxiste

8. **Quelles sont les valeurs essentielles des Lumières ?**
   a. La tolérance, la liberté et l'égalité
   b. Le respect, l'honneur et la foi
   c. Le ciel, le soleil et la mer

9. **Quel philosophe préfigure le siècle des Lumières avec le fameux *Je pense donc je suis* ?**
   a. Aristote
   b. Freud
   c. Descartes

10. **Quels évènements historiques s'inspirent des Lumières ?**
    a. La Déclaration d'indépendance des États-Unis et la Révolution française
    b. Les guerres de religion et l'exil des protestants en France
    c. Le début de l'Époque moderne et la Première Guerre mondiale

CULTURE GÉNÉRALE

Jets de couleurs

Jackson Pollock est un célèbre peintre qui a eu la chance de connaître le succès de son vivant ! Né en 1912, on fête les 110 ans de sa naissance cette année. Ce petit quiz vrai ou faux permettra d'en apprendre toujours plus sur ce célèbre peintre.

1. **Deux des œuvres de Jackson Pollock figurent parmi les dix plus chères au monde.**
   Vrai Faux

2. **Jackson Pollock est l'inventeur de l'*action painting*, une technique à base de projection, d'écoulement ou autre manière spontanée et non figurative de peindre.**
   Vrai Faux

3. **Jackson Pollock était surnommé John The Dripper.**
   Vrai Faux

4. **Il était le plus jeune d'une fratrie de cinq garçons.**
   Vrai Faux

5. **Jackson Pollock meurt d'une crise cardiaque à l'âge de 44 ans.**
   Vrai Faux

6. **La première exposition qui lui est entièrement consacrée date de 1940.**
   Vrai Faux

7. **Jackson Pollock peignait des toiles posées sur le sol.**
   Vrai Faux

8. **Il fut influencé par Picasso.**
   Vrai Faux

9. **Jackson Pollock voyageait beaucoup en dehors des États-Unis.**
   Vrai Faux

10. **Une de ses œuvres clefs s'appelle *Numéro 17A*.**
    Vrai Faux

LITTÉRATURE

Séries littéraires

Si les livres s'entassent sur votre PAL (pile à lire) à n'en plus finir, pas de panique… vous pouvez les visionner ! De nombreuses séries télévisées sont adaptées d'œuvres romanesques : fantastiques, policières ou historiques… il y en a pour tous les goûts ! C'est l'occasion de (re)découvrir sur petit écran des séries de livres passionnantes et des romans cultes.

1. **Qui est l'auteur du roman *Le Jeu de la dame* dont est tiré la mini-série éponyme ?**
   - **a.** Walter Tevis
   - **b.** Walter Scott
   - **c.** Walter Jon Williams
2. **La première saison de *Game of Thrones* a été diffusée en quelle année ?**
   - **a.** 2010
   - **b.** 2011
   - **c.** 2012
3. **La série *L'Amie prodigieuse* se déroule dans quelle ville italienne ?**
   - **a.** Rome
   - **b.** Palerme
   - **c.** Naples
4. **Parmi ces romans de Stephen King, lequel n'a jamais été adapté en série télévisée ?**
   - **a.** *Shining*
   - **b.** *Ça*
   - **c.** *La Ligne verte*
5. **Quelle actrice interprète June Osborne, l'héroïne de la série *The Handmaid's Tale*, adaptée du roman *La Servante écarlate* ?**
   - **a.** Elisabeth Moss
   - **b.** Yvonne Strahovski
   - **c.** Alexis Bledel
6. **Quel acteur interprète le rôle de Harry Quebert dans la mini-série *La Vérité sur l'affaire Harry Quebert* ?**
   - **a.** Guillaume de Tonquédec
   - **b.** Patrick Dempsey
   - **c.** Mark Ruffalo
7. **Quel a été le premier roman de Michel Bussi adapté à la télévision ?**
   - **a.** *Un avion sans elle*
   - **b.** *Le temps est assassin*
   - **c.** *Maman a tort*
8. **Quelle série sur les vampires est une adaptation de la saga littéraire de L. J. Smith ?**
   - **a.** *True Blood*
   - **b.** *Vampire Diaries*
   - **c.** *Buffy contre les vampires*
9. **Qui sont les interprètes de Sherlock Holmes et du docteur Watson dans la série *Sherlock* ?**
   - **a.** Jonny Lee Miller et Lucy Liu
   - **b.** Robert Downey Jr. et Jude Law
   - **c.** Benedict Cumberbatch et Martin Freeman
10. **Quelle romancière américaine a écrit les neuf tomes de *La Chronique des Bridgerton* ?**
    - **a.** Julia Quinn
    - **b.** Anna Godbersen
    - **c.** Julie Garwood

SCIENCES

Quizoiseaux !

Qui n'a jamais rêvé d'être un oiseau ? Avouez, ça serait quand même super chouette de chanter comme le pinson et de voler en bravant la tempête telle une mouette, non ? Entourez la bonne réponse.

1. **Comment appelle-t-on la science qui étudie les oiseaux ?**
   - **a.** L'ornithologie
   - **b.** L'entomologie
   - **c.** La pioupioutologie
2. **Quel est le record de migration longue distance battu par la barbe rousse ?**
   - **a.** 4 200 km en 6 jours
   - **b.** 7 200 km en 7 jours
   - **c.** 12 200 km en 8 jours
3. **À combien estime-t-on le nombre d'oiseaux sur la planète ?**
   - **a.** 5 milliards
   - **b.** 50 milliards
   - **c.** 500 milliards
4. **Quel est le nom scientifique de la grue cendrée ?**
   - **a.** La grue gruidae
   - **b.** La grue cendres
   - **c.** La grus grus
5. **À quoi servent les bagues des oiseaux ?**
   - **a.** À aider à l'accouplement
   - **b.** À aider à stabiliser leur vol
   - **c.** À recueillir des données scientifiques
6. **Comment sont les os des oiseaux ?**
   - **a.** Lourds
   - **b.** Creux
   - **c.** Poreux
7. **Comment évolue le bec des oiseaux ?**
   - **a.** Il repousse tout au long de la vie
   - **b.** Il ne repousse jamais
   - **c.** Il se désagrège au fur et à mesure
8. **Qu'est-ce que la calotte d'un oiseau ?**
   - **a.** Le dessus de la tête
   - **b.** Le dessus des pattes
   - **c.** La gorge de l'oiseau
9. **À quelle classe appartiennent les oiseaux ?**
   - **a.** Les vertébrés
   - **b.** Les invertébrés
   - **c.** Les arthropodes
10. **Quel est l'oiseau le lent du monde ?**
    - **a.** Le chevalier cul-blanc
    - **b.** Le pipit farlouse
    - **c.** La bécasse d'Amérique

GÉOGRAPHIE

Qui suis-je ?

Tourisme cérébral pour choisir sa destination vacances idéale ! Sortez vos valises et vos cahiers de géographie, c'est parti !

1. **J'ai pour capitale Bratislava et suis un pays d'Europe centrale… qui suis-je ?**
   a. La Slovaquie
   b. La Slovénie
   c. La Lituanie

2. **J'ai une superficie de 56 594 km² et une forme de croissant… qui suis-je ?**
   a. La Croatie
   b. La Bosnie-Herzégovine
   c. La Serbie

3. **Je suis le pays de la tauromachie et j'abrite la ville de Burgos… qui suis-je ?**
   a. Le Portugal
   b. Le Mexique
   c. L'Espagne

4. **Je suis le pays de la samba et suis célèbre pour ma plage de Copacabana… qui suis-je ?**
   a. L'Uruguay
   b. Le Venezuela
   c. Le Brésil

5. **Je suis un pays du nord-ouest de l'Europe et j'ai une superficie de 242 495 km²… qui suis-je ?**
   a. La Suède
   b. Le Royaume-Uni
   c. La Norvège

6. **Je suis un pays du sud de l'Europe et je me trouve à l'intérieur de l'Italie… qui suis-je ?**
   a. Le Liechtenstein
   b. Monaco
   c. Saint-Marin

7. **Ma capitale est Reykjavik et ma température est d'environ 12°C au mois d'août… qui suis-je ?**
   a. L'Islande
   b. Le Danemark
   c. Le Groenland

8. **Je suis un pays des Balkans et ma capitale est Podgorica… qui suis-je ?**
   a. Le Kosovo
   b. La Macédoine du Nord
   c. Le Monténégro

9. **Je suis bordé par un océan et une mer et ma capitale est San José… qui suis-je ?**
   a. Le Costa Rica
   b. Le Nicaragua
   c. Le Panama

10. **J'en ai marre et je suis l'ex-Birmanie… qui suis-je ?**
   a. Le Myanmar
   b. Le Laos
   c. Le Bangladesh

CULTURE GÉNÉRALE

Ramenez la coupe à la maison !

En 2022, cela fera déjà quatre ans que la France est championne du monde de football, il est temps de remettre notre titre en jeu. Est-ce que vous êtes prêt pour cette nouvelle compétition ? Voyons ça avec ce quiz vrai ou faux sur l'édition 2022. Entourez la bonne réponse !

1. **La Coupe du monde de football 2022 a lieu au Qatar.**
   Vrai Faux

2. **La Coupe du monde de football 2022 débute en décembre.**
   Vrai Faux

3. **L'équipe la plus titrée championne du monde est l'Espagne.**
   Vrai Faux

4. **En 2026 la Coupe du monde de football se déroulera en Chine.**
   Vrai Faux

5. **L'édition 2022 de la Coupe du monde de football sera la dernière à compter 32 participants.**
   Vrai Faux

6. **Le Qatar a un budget de six milliards de dollars pour construire et moderniser les stades qui accueilleront la compétition.**
   Vrai Faux

7. **210 équipes nationales se sont affrontées pour désigner les 32 équipes participantes à la compétition.**
   Vrai Faux

8. **Depuis la création de la Coupe du monde de football, seulement huit pays ont remporté la coupe.**
   Vrai Faux

9. **L'Allemagne a participé à huit finales de la Coupe du monde de football.**
   Vrai Faux

10. **La Suède n'a gagné qu'une seule fois la Coupe du monde après douze participations.**
   Vrai Faux

LES FEMMES DANS L'HISTOIRE N°2

Elles sont militantes, écrivaines, championnes, artistes : découvrez quatre femmes qui ont marqué l'Histoire à travers quatre quiz.

1. Margaret Keane

Margaret Keane est une artiste contemporaine aussi bien connue pour son travail que pour la trahison qui l'accompagne. Faites ce quiz pour en apprendre davantage.

1. **Qu'est ce qui caractérise les peintures de Margaret Keane ?**
   a. Les grands yeux
   b. Les grandes mains
2. **Quelle est la nationalité de Margaret Keane ?**
   a. Canadienne
   b. Étatsunienne
3. **Qui a réalisé le film *Big Eyes* qui raconte son histoire ?**
   a. Tim Burton
   b. Quentin Tarantino
4. **Qui s'est approprié le mérite de ses œuvres ?**
   a. Son père
   b. Son mari
5. **Dans quel mouvement s'inscrivent ses peintures ?**
   a. Le mouvement kitch
   b. Le mouvement romantique
6. **En quelle année a lieu le procès qui met fin à l'usurpation de Walter Keane ?**
   a. 1986
   b. 2012
7. **Margaret Keane continue-t-elle de peindre aujourd'hui ?**
   a. Oui
   b. Non
8. **Comment Margaret Keane prouve-t-elle qu'elle est bien l'autrice des tableaux *Big Eyes* ?**
   a. Elle peint un tableau en 53 minutes devant le juge
   b. Elle montre une série de photos et ses croquis

2. Geneviève de Gaulle

Vous connaissez sûrement son oncle, le général Charles de Gaulle mais cette femme a autant participé à la Résistance que cet homme. Faites ce petit quiz pour en savoir plus.

1. **Quand est née Geneviève de Gaulle ?**
   a. 1905
   b. 1920
2. **Quel rôle avait-elle dans le mouvement Défense de la France ?**
   a. Membre du comité directeur
   b. Fondatrice du journal éponyme
3. **En quelle année est-elle envoyée dans le camp de concentration de Ravensbrück ?**
   a. 1940
   b. 1944
4. **De quelle association est-elle directrice à sa sortie des camps ?**
   a. L'Amicale des déportées et internées de la Résistance
   b. Le mouvement de Défense de la France
5. **Qu'est ce qui bouleverse Geneviève de Gaulle en 1958 ?**
   a. Le bidonville de Noisy-le-Grand
   b. La visite de l'hôpital Hôtel-Dieu
6. **En quelle année Geneviève de Gaulle est-elle nommée au Conseil économique et social ?**
   a. 1960
   b. 1988
7. **Geneviève de Gaulle entre au Panthéon, auprès de Germaine Tillion en quelle année ?**
   a. 2015
   b. 2002
8. **Quelle décoration Geneviève de Gaulle reçoit-t-elle en 1997, en tant que première française à recevoir cet honneur ?**
   a. Médaille de la Résistance française
   b. Grand-croix de la Légion d'honneur

3. Frida Kahlo

Ses peintures et sa vie fascinent, ce quiz vous permettra de mieux connaître l'artiste Frida Kahlo.

1. Pour quelle raison Frida Kahlo se met-elle à peindre ?
a. Elle veut devenir peintre
b. Elle ne peut faire que ça, alitée après un accident

2. Quelles études souhaitait faire Frida Kahlo ?
a. Médecine
b. Architecture

3. De quelle nationalité était Frida Kahlo ?
a. Uruguayenne
b. Mexicaine

4. Quelle idéologie politique défendait Frida Kahlo ?
a. Communisme
b. Libéralisme

5. Combien d'autoportraits a-t-elle réalisés ?
a. 55
b. 75

6. Quel révolutionnaire communiste accueille-t-elle chez elle et son mari ?
a. Leon Trotski
b. Francisco Villa

7. En quelle année est morte Frida Kahlo ?
a. 1965
b. 1954

8. Où a-t-elle vécu à part au Mexique ?
a. Aux États-Unis
b. En France

4. George Sand

Cette auteure a dû prendre un autre nom pour partager ses écrits. Est-ce que vous la connaissez ? Apprenez-en plus sur George Sand avec ce quiz.

1. Quel est le vrai nom de George Sand ?
a. Amélie Durant
b. Aurore Dupin

2. Quel fut le premier livre publié sous le pseudo George Sand ?
a. *Le diable aux champs*
b. *Indiana*

3. Combien de livres a-t-elle publié ?
a. 110
b. 90

4. George Sand vivait-elle de sa plume ?
a. Oui
b. Non

5. À partir de quand George Sand s'engage-t-elle en politique ?
a. La révolution de 1848
b. La fin de la deuxième République en 1852

6. Avec quel auteur George Sand entretiendra une correspondance sans jamais le rencontrer ?
a. Honoré de Balzac
b. Victor Hugo

7. Qu'est-ce que George Sand place avant la cause des femmes ?
a. La cause des ouvriers
b. Aucune cause ne passe avant

8. Pour quelles raisons George Sand a-t-elle commencé à s'habiller en femme ?
a. Pour des raisons financières
b. Pour des raisons de confort

FRANÇAIS

Quiz 20/20

Petit test d'orthographe : entourez le mot orthographié correctement dans cette liste de 20 pièges !

Écoutes-moi **ou** écoute-moi
Synonime **ou** synonyme
Répartie **ou** repartie
Ils se sont plus **ou** ils se sont plu
Intriguant **ou** intrigant
A priori **ou** à priori
Grâcier **ou** gracier
Des grattes-ciels **ou** gratte-ciel
Féérie **ou** féerie
Je résouds **ou** je résous
Réfrener **ou** réfréner
Ubiguité **ou** ubiquité
Tout azimut **ou** tous azimuts
Soit-disant **ou** soi-disant
Obnubilé **ou** omnubilé
Pantonime **ou** pantomime
Disgression **ou** digression
Autant pour moi **ou** au temps pour moi
Langage **ou** language
Dilemme **ou** dilemne

MATHS

2 balles et Mars

Cela ne vous a pas échappé, les pièces de 2 euros sont constituées de deux parties (avec les pièces de 1 euro, ça marche aussi, hein !). Bref, la pièce a un diamètre de 26 mm. Le disque intérieur a un diamètre de de 18 mm.
a. Quel est le périmètre de la pièce ?
b. Quel est l'aire de la pièce ?

HISTOIRE

La Renaissance en France

La Renaissance est à la fois une période de l'Histoire et un mouvement artistique. Ça vous parle ou pas ? On vérifie tout ça avec ce focus sur la Renaissance en France… Entourez la bonne réponse.

1. Quels rois de France incarnent la période de la Renaissance ?
a. François Ier et Henri II
b. Thierry Ier et Phillippe II
c. Childéric Ier et Clovis II

2. À quelle période se déroule la période de la Renaissance en France ?
a. Entre le milieu du XVIe siècle et le début du XVIIIe siècle
b. Entre le milieu du XVe siècle et le début du XVIIe siècle
c. Entre le milieu du XIVe siècle et le début du XVIe siècle

3. Qu'est-ce qui marque le début de la Renaissance ?
a. La fin de la guerre de Sept Ans
b. La fin de la guerre de Trente Ans
c. La fin de la guerre de Cent Ans

4. Dans quel pays la période de la Renaissance débute-t-elle ?
a. En France
b. En Espagne
c. En Italie

5. Quelle transition la Renaissance opère-t-elle ?
a. La transition entre le Moyen Âge et les temps modernes
b. La transition entre l'Antiquité et le Moyen Âge
c. La transition entre l'Antiquité et l'époque contemporaine

6. Quel courant de pensée est emblématique de cette période ?
a. L'existentialisme
b. Le libéralisme
c. L'humanisme

7. Quel est le célèbre monument qui symbolise la Renaissance en France ?
a. Le Palais du Louvre
b. La cathédrale Notre-Dame de Paris
c. L'Arc de triomphe

8. Lequel de ces Jean n'est pas un peintre de la Renaissance ?
a. Jean Clouet
b. Jean Fouquet
c. Jean Yanne

9. Quel nouveau mode de diffusion de l'information apparait à la Renaissance ?
a. Le télégramme
b. L'imprimerie
c. La TNT

10. Quel humaniste a écrit : « On ne naît pas homme, on le devient. » ?
a. Érasme
b. Laurent de Médicis
c. Gutenberg

CULTURE GÉNÉRALE

Portrait en noir et blanc

Vous connaissez peut-être ses photos sans le savoir, Robert Doisneau est un célèbre photographe dont on fête les 110 ans de la naissance cette année ! Avec ce quiz de vrai ou faux vous allez pouvoir en apprendre plus sur lui.

1. Robert Doisneau a un diplôme de graveur et de lithographe.
Vrai Faux

2. Le travail de Robert Doisneau est considéré comme appartenant au naturalisme.
Vrai Faux

3. Robert Doisneau est l'un des collaborateurs les moins prolifiques de la revue *Le Point*.
Vrai Faux

4. Robert Doisneau n'a jamais rencontré Picasso.
Vrai Faux

5. Robert Doisneau publie sa première autobiographie en 1986.
Vrai Faux

6. En France, dix établissements scolaires portent le nom de Robert Doisneau.
Vrai Faux

7. Robert Doisneau reçoit le Grand Prix national de la photographie en 1983.
Vrai Faux

8. Robert Doisneau ne faisait que des photos en noir et blanc.
Vrai Faux

9. Robert Doisneau s'est fait connaître dans le monde entier pour ses photos d'après-guerre dans Paris.
Vrai Faux

10. Robert Doisneau est mort à l'âge de 91 ans.
Vrai Faux

LITTÉRATURE

Un vrai conte de fées

En ces temps quelque peu bouleversés, il serait dommage de s'en passer… Il faut bien se l'avouer, les contes de fées nous font toujours autant ~~régresser~~ rêver ! Entourez la bonne réponse.

1. Qui a écrit *Blanche-Neige* ?
a. Les frères Grimm
b. Les frères Goncourt

2. Qu'est-ce que *Les mille et une nuits* ?
a. Une maison d'édition spécialisée dans l'érotisme oriental
b. Un recueil de contes indo-persans traduits en arabe

3. Quel est le titre original de *Jack et le haricot magique* ?
a. *Jack and the Beanstalk*
b. *Jack and the Baked beans*

4. De quelle origine est Pinocchio ?
a. Français
b. Italien

5. Quel est l'autre titre de *Hansel et Gretel* ?
a. *Jeannot et Margot*
b. *Jacquie et Michel*

6. Comment s'appellent les fées dans *La Belle au bois dormant* ?
a. Les fées marraines
b. Les fées tantines

7. Qui est l'auteur de *La Barbe Bleue* ?
a. Claude Ponti
b. Charles Perrault

8. Quel est le nom anglais de *Cendrillon* ?
a. Cinderella
b. Sandyrella

9. Quelle est la date de parution du conte *Le Petit Poucet* ?
a. 1597
b. 1697

10. Qui est à l'origine de *La Belle et la Bête* ?
a. Jeanne-Marie Leprince de Beaumont
b. Marie-Jeanne Laprincesse du Mont-Beau

SCIENCES

Insectiquiz !

On le sait, les insectes jouent un rôle primordial dans la biodiversité. Pour faire court, s'ils n'existaient pas, on serait fichtrement embêtés… À présent, faites bien attention où vous posez les pieds, car comme dit le dicton : « Marche sur une fourmi, et mille autres t'attaqueront ! »

1. À quoi servent les insectes ?
a. Ils pollinisent les plantes, recyclent la matière organique et servent de nourriture
b. Ils font peur, ils piquent et c'est très énervant
c. Ils ne servent absolument à rien, c'est affligeant

2. Combien de paires de pattes un insecte possède-t-il ?
a. 2
b. 3
c. 4

3. En nombre d'espèces, quelle part des animaux de la planète représentent les insectes ?
a. 1/2
b. 1/4
c. 3/4

4. Combien d'espèces d'insectes sont encore utilisées dans les remèdes traditionnels ?
a. Environ 150
b. Environ 500
c. Environ 100

5. Quel est l'autre nom de l'abeille *megachile rotundata* ?
a. L'abeille découpeuse
b. L'abeille tronçonneuse
c. L'abeille tueuse

6. Jusqu'à combien de temps peut vivre la reine des fourmis rousses ?
a. Environ 2 ans
b. Environ 12 ans
c. Environ 20 ans

7. Comment les termites climatisent leur termitière ?
a. Elles construisent les parois de la termitière avec des micropores
b. Elles battent des pattes pour faire des courants d'air
c. Elles ouvrent les velux de la termitière, tout simplement

8. Quel est le surnom de la coccinelle à sept points ?
a. La belle à bon Dieu
b. La bête à bon Dieu
c. The Miraculous Ladybug

9. À quelle famille d'insectes appartiennent les lucioles ?
a. Aux dermaptères
b. Aux blattoptères
c. Aux coléoptères

10. Quel est le pourcentage d'espèces d'insectes en voie de disparition ?
a. 5 %
b. 15 %
c. 30 %

GÉOGRAPHIE

Pays poétiques

Vous savez déjà que l'on surnomme la France, l'Hexagone, mais saurez-vous donner le surnom qui convient à chaque pays ?

Afrique du Sud • Belgique • Chine • Corée du Sud • Finlande • Guatemala • Irlande • Islande • Japon • Laos • Lesotho • Madagascar • Pays-Bas • Rwanda • Thaïlande

L'empire du milieu ....

L'île d'émeraude ....

L'île rouge ....

La nation arc-en-ciel ....

Le pays du soleil levant ....

La terre de glace ....

Le pays de l'éternel printemps ....

Le pays des mille collines ....

Le pays des mille lacs ....

Le pays des tulipes ....

Le pays du matin clair ....

Le pays du Sourire ....

Le plat pays ....

Le royaume dans les nuages ....

Le royaume du million d'éléphants ....

CULTURE GÉNÉRALE

Par la barbe d'Odin !

La mythologie grecque c'est vu et revu, dans cet exercice nous allons tester vos connaissances sur la mythologie nordique ! Peut- être que vous avez regardé la série *Viking* ou encore les films *Thor*, dans ces cas-là vous allez sûrement pouvoir vous en sortir. Choisissez la bonne réponse parmi les trois propositions.

1. **Dans la mythologie nordique il existe deux groupes de dieux, lesquels ?**
   a. Les Ases et les Valkyries
   b. Les Nornes et les Vanes
   c. Les Ases et les Vanes

2. **Combien de mondes Odin et ses frères ont créé en Yggdrasil ?**
   a. 9
   b. 3
   c. 5

3. **Quel est le domaine des dieux dans la mythologie nordique ?**
   a. Le Valhalla
   b. Asgard
   c. Bifröst

4. **Quelles sont les principales sources de la mythologie nordique ?**
   a. Des sculptures murales
   b. Les Eddas
   c. Des runes

5. **De quoi Frigg est-elle la déesse ?**
   a. La guerre, la justice et la sagesse
   b. La lumière et la beauté
   c. L'amour, le mariage et la maternité

6. **Comment s'appelle le gardien du Bifröst ?**
   a. Heimdall
   b. Hoder
   c. Odin

7. **Quel est le surnom d'Odin ?**
   a. Le vagabon
   b. L'égaré
   c. Le colérique

8. **Comment s'appelle la déesse de la Terre et de la fertilité ?**
   a. Loki
   b. Idhunn
   c. Freya

9. **Qu'est-ce que Midgard ?**
   a. Le pont arc-en-ciel
   b. Le royaume des humains
   c. Le royaume des Vanes

10. **Quel est le nom du marteau de Thor ?**
   a. Hoder
   b. Mjöllnir
   c. Tyr

DEVINETTES

DRRIIIINNNNG !!! La cloche a sonné, c'est la récré, on sort sa crème anti UV et son second degré... Voici 20 devinettes complètement folles à faire sur la serviette pour une bonne barre de rigolade avant la baignade !

1. Devinette !
Pourquoi jeter son ordinateur dans la mer ?

2. Devinette !
Que fait un hibou dans une casserole ?

3. Devinette !
Dans quel pays ne bronze-t-on jamais sur le nez ?

4. Devinette !
Comment appelle-t-on un avion qui rebondit ?

5. Devinette !
Quelle est la plus basse note de musique ?

6. Devinette !
Qu'est-ce qu'un taureau avec un string ?

7. Devinette !
D'où viennent les cochons ?

8. Devinette !
Quelle est la monnaie de la mer ?

9. Devinette !
Comment appelle-t-on les testicules d'un dauphin ?

10. Devinette !
Comment ramasse-t-on la papaye ?

11. Devinette !
Que fait une ampoule quand elle grille ?

....

12. Devinette !
Que dit un médecin à une crevette avant de l'ausculter ?

....

13. Devinette !
Pourquoi est-ce que les bouteilles de bière coulent ?

....

14. Devinette !
Qu'est-ce qu'un oiseau qui se gratte d'un côté ?

....

15. Devinette !
Comment appelle-t-on un hippopotame qui fait du camping ?

....

16. Devinette !
Que fait un donut sur la plage ?

....

17. Devinette !
De quelle couleur est la voiture de John Travolta ?

....

18. Devinette !
Qu'est-ce qu'une duche ?

....

19. Devinette !
Est-ce qu'une poule peut parler anglais ?

....

20. Devinette !
Tu connais la blague de la chaise ?

....

FRANÇAIS

Le mot qu'il faut

Le vocabulaire français est si subtil, si dense et si varié qu'il est fréquent que l'on s'expose à de grosses bourdes lorsque l'on souhaite s'exprimer… Trouvez le mot qu'il faut et entourez la bonne réponse. Avec un peu de bon sens, on peut y arriver !

1. Bernard est encore en retard, il a pris la route à une heure de grande *influence* **ou** *affluence*.
2. Ma voisine Dolores tient douze chiens en laisse. Pas de doute, c'est une *cinéphile* **ou** *cynophile*.
3. Dans l'émission *Un diner trop parfait*, Gégé a obtenu 10/10. C'est un fin *gourmand* **ou** *gourmet*.
4. L'influenceuse Sandy a dû faire face à une grosse *éruption* **ou** *irruption* de boutons.
5. Je suis tombé nez à nez avec une araignée extrêmement *vénéneuse* **ou** *venimeuse*.
6. Philippe et Morris ont décidé d'arrêter de fumer parce que les cigarettes se *consument* **ou** *se consomment* beaucoup trop vite.
7. Pierre-André souhaite *inculper* **ou** *inculquer* les bonnes valeurs à sa fille Marie-Clémentine.
8. Justine n'aime pas grand monde mais elle a beaucoup d'*infection* **ou** *d'affection* pour son chat.
9. En grillant le feu rouge, Jimmy a commis une *effraction* **ou** *infraction* au code de la route.
10. N'oublions pas que l'*accès* **ou** *l'excès* d'alcool est dangereux pour santé.
11. Lors de son *allocation* **ou** *allocution*, le président a annoncé la baisse des *allocutions* **ou** *allocations* chômage.
12. Je t'*infirme* **ou** *t'affirme* que ce que je te dis est vrai.
13. Ce jeune musicien a un talent fou, c'est un véritable *prodigue* **ou** *prodige*.
14. John et Jane ont *emménagé* **ou** *aménagé* ensemble pour le meilleur et pour le pire.
15. Gaston est très *social* **ou** *sociable* car il a beaucoup d'amis.
16. Mon médecin généraliste m'a *proscrit* **ou** *prescrit* une tonne de médicaments.
17. J'adore mon psy, il est très *compréhensif* **ou** *compréhensible*.
18. Elle a perdu les eaux, son accouchement est *éminent* **ou** *imminent*.
19. J'ai adressé ce courrier à l'*intention* **ou** *à l'attention* de Monsieur le directeur.
20. Justine a *amené* **ou** *emmené* son chat chez le vétérinaire juste avant de retrouver Gaston.

MATHS

Abracadabra !

Pour épater (ou pas) vos amis à l'apéro proposez ce petit tour de magie mathématique :

1. Notez votre pointure de chaussures.
2. Multipliez par 5.
3. Ajoutez 100.
4. Multipliez le total par 20.
5. Comme nous sommes en 2022, ajoutez 22 (si vous refaites cet exercice en 2023, ajoutez 23)
6. Soustrayez votre année de naissance.
7. Obtenez le résultat ! Le nombre formé par les deux premiers chiffres correspond à votre pointure et le nombre formé par les deux derniers chiffres correspond à votre âge !

HISTOIRE

Quiz préhistorique !

On est censés tous le savoir, la Préhistoire est la période comprise entre l'apparition du genre humain et l'apparition des premiers documents écrits. Les tablettes existaient déjà mais elles étaient en argile… Eh oui ! Quiz !

1. **Qui est le premier représentant documenté du genre homo ?**
   a. L'homo sapiens
   b. L'homo rudolfensis
   c. L'australopithèque
2. **Quelles roches les hommes préhistoriques percutent-ils pour fabriquer du feu ?**
   a. Du silex et du calcaire
   b. Du silex et du marcassite
   c. Du silex et du silex
3. **Où a-t-on repéré la trace de l'homme de Néandertal ?**
   a. En Asie
   b. En Afrique
   c. En Europe et au Moyen-Orient
4. **À quelle période l'homme de Néandertal vit-il ?**
   a. De 750 000 ans à 80 000 ans avant notre époque
   b. De 300 000 ans 500 000 à 30 000 ans avant notre époque
   c. De 100 000 ans à 5 000 ans avant notre époque
5. **Durant quelle période s'inscrit la Préhistoire ?**
   a. De 3 000 000 à 3 500 avant notre époque
   b. De 4 000 000 à 2 500 avant notre époque
   c. De 5 000 000 à 1 500 avant notre époque
6. **Avec quelle arme chasse l'homme de Néandertal ?**
   a. Avec une hache
   b. Avec une lance
   c. Avec une buche
7. **Que signifie homo erectus ?**
   a. Homme savant
   b. Homme debout
   c. Homme poilu
8. **Comment se nomme la période des derniers chasseurs-cueilleurs de la Préhistoire ?**
   a. Le mésolithique
   b. Âge du bronze
   c. Le Néolithique
9. **Qu'est que le néolithique ?**
   a. La période après le paléolithique et le mésolithique
   b. La période entre le paléolithique et le mésolithique
   c. La période avant le paléolithique et le mésolithique
10. **Que devient l'homme à partir du néolithique ?**
   a. Nomade, agriculteur et cueilleur
   b. Sédentaire, chasseur et cueilleur
   c. Sédentaire, agriculteur et éleveur

CULTURE GÉNÉRALE

Professeur Jones !

Ça y est ! *Indiana Jones 5* sort cette année, on va pouvoir retrouver le célèbre archéologue aventurier et le beau Harrison Ford… C'est aussi l'occasion de se pencher sur cette série de films emblématiques. Alors, vous êtes un vrai fan ? Voyons voir ça avec ce quiz.

1. **Le vrai prénom d'Indiana Jones est Henry Walton Jones Junior.**
   Vrai **Faux**
2. ***Indiana Jones et le Temple maudit* est le premier volet de la série de films.**
   Vrai **Faux**
3. **Indiana Jones a été créé par Luc Besson.**
   Vrai **Faux**
4. ***Les Aventuriers de l'arche perdue* est sorti au cinéma en 1990.**
   Vrai **Faux**
5. ***Indiana Jones et le Royaume du crâne de cristal* se déroule pendant la guerre froide.**
   Vrai **Faux**
6. **La série de films Indiana Jones a reçu cinq Oscars au total.**
   Vrai **Faux**
7. ***Les Aventuriers de l'arche perdue* a reçu le Grammy Awards du meilleur album de musique de film.**
   Vrai **Faux**
8. **Il existe une série télévisée appelée *Les Aventures du jeune Indiana Jones*.**
   Vrai **Faux**
9. ***Indiana Jones et le Temple maudit* est un préquel des *Aventuriers de l'arche perdue*.**
   Vrai **Faux**
10. **Le père d'Indiana Jones dans *Indiana Jones et la dernière croisade* est interprété par Sean Connery.**
   Vrai **Faux**

LITTÉRATURE

Les fameuses fables de La Fontaine

On les connaît toutes ou presque ! Et pour cause, les fables de la Fontaine se récitent, chez les enfants, depuis la nuit des temps… Saurez-vous attribuer à chaque fable sa morale ? Entourez la bonne réponse.

1. « La raison du plus fort est toujours la meilleure. »
a. *Le Loup et l'Agneau*
b. *L'Âne et le Petit Chien*
c. *La Perdrix et les Coqs*

2. « Tel est pris qui croyait prendre. »
a. *Le Lion et le Rat*
b. *Le Rat et l'Huître*
c. *Les Poissons et le Cormoran*

3. « Rien ne sert de courir, il faut partir à point. »
a. *Le Laboureur et ses Enfants*
b. *La Grenouille qui se veut faire aussi grosse que le Bœuf*
c. *Le Lièvre et la Tortue*

4. « En toute chose il faut considérer la fin. »
a. *Le Renard et le Bouc*
b. *Les animaux malades de la peste*
c. *Le Renard et la Cigogne*

5. « Apprenez que tout flatteur vit aux dépens de celui qui l'écoute. »
a. *Les Frelons et les Mouches à miel*
b. *Le Corbeau et le Renard*
c. *Le Chat et le Rat*

6. « Laissez dire les sots, le savoir a son prix. »
a. *L'Avantage de la science*
b. *La Poule aux œufs d'or*
c. *Les Vautours et les Pigeons*

7. « On se voit d'un autre œil qu'on ne voit son prochain. »
a. *La Besace*
b.. *Le Cochet, le Chat et le Souriceau*
c. *L'Astrologue qui se laisse tomber dans un puits*

8. « Il se faut s'entraider, c'est la loi de nature. »
a. *Le Curé et le Mort*
b. *Le Chêne et le Roseau*
c. *L'Âne et le Chien*

9. « La Méfiance est mère de la sûreté. »
a. *Le Chat et un vieux Rat*
b. *Le Cygne et le Cuisinier*
c. *Le Berger et la Mer*

10. « Eh bien ! dansez maintenant. »
a. *La Cigale et la Fourmi*
b. *L'Araignée et l'Hirondelle*
c. *La Chatte métamorphosée en femme*

SCIENCES

Voyage astronomique

L'astronomie c'est la science de l'observation des astres. Petit quiz astronomico-romantique à réaliser un de ces soirs d'été, à la belle étoile, seul ou bien accompagné… Entourez la bonne réponse.

1. Quel est le diamètre du Soleil ?
a. 139 268 km
b. 1 392 684 km
c. 13 926 843 km

2. Quelle est la vitesse de la lumière ?
a. 100 000 km/s
b. 300 000 km/s
c. 500 000 km/s

3. De quel type de planète est Jupiter ?
a. C'est une planète tellurique
b. C'est une planète géante gazeuse
c. C'est une étoile

4. À quoi sont dues les saisons sur Terre ?
a. Au fait qu'elle tourne sur elle-même
b. À sa distance par au Soleil
c. À l'inclinaison de l'axe de la Terre par rapport au Soleil

5. Qui a inventé le premier télescope ?
a. Newton
b. Hubble
c. Galilée

6. Quelles sont les étoiles les plus chaudes ?
a. Les rouges
b. Les jaunes
c. Les bleues

7. Qu'est-ce qu'une supernova ?
a. Une super grosse étoile
b. Une super grosse comète
c. L'explosion d'une grosse étoile

8. Comment appelle-t-on un nuage de gaz et de poussières répandu dans l'espace interstellaire ?
a. Une nébuleuse
b. Un trou noir
c. La voie lactée

9. Qu'appelle-t-on l'étoile du berger ?
a. Saturne
b. Vénus
c. Véga

10. Laquelle de ces planètes n'est pas tellurique ?
a. Uranus
b. Mercure
c. La Terre

GÉOGRAPHIE

Direction les États-Unis

Pour ce quiz nous avons sélectionné douze États des États-Unis et vous devez trouver la capitale de chacun d'eux. Ça sera peut-être un premier pas pour organiser un road trip à l'américaine !

1. Montana •	• a. Springfield
2. Oklahoma •	• b. Salt Lake City
3. Géorgie •	• c. Helena
4. Virginie •	• d. Oklahoma City
5. Utah •	• e. Baton Rouge
6. Oregon •	• f. Santa Fe
7. Louisiane •	• g. Atlanta
8. New Hampshire •	• h. Salem
9. Illinois •	• i. Concord
10. Mississipi •	• j. Charleston
11. Nouveau Mexique •	• k. Jackson
12. New Jersey •	• l. Trenton

CULTURE GÉNÉRALE

Échec et mat !

Une légende du Moyen Âge déclare que le jeu d'échecs aurait été inventé durant la guerre de Troie, le saviez-vous ? Êtes-vous adepte de ce jeu stratégique noir et blanc ? Ce petit quiz va permettre de le savoir !

1. **Quelle couleur commence la partie d'échecs ?**
   a. Les blancs
   b. Les noirs
   c. Celle tirée au sort

2. **Quelle pièce doit être prise pour gagner la partie ?**
   a. Le roi
   b. La reine
   c. La tour

3. **Qui est le champion du monde d'échecs en titre depuis 2013 ?**
   a. Anatoli Karpov
   b. Vladimir Kramnik
   c. Magnus Carlsen

4. **Comment s'appelle une partie d'échecs où la réflexion ne doit pas dépasser dix minutes ?**
   a. Jeu rapide
   b. Blitz
   c. Foudre

5. **Quel est le nom français de la mini-série Netflix *The Queen's Gambit* sur les échecs ?**
   a. Échec et mat
   b. Le gambit dame
   c. Le jeu de la dame

6. **À quoi correspond le titre de la série *The Queen's Gambit* ?**
   a. Un surnom
   b. Une ouverture de jeu d'échecs
   c. Une manière de gagner

7. **Combien y-a-t-il de cases sur un échiquier ?**
   a. 64
   b. 42
   c. 68

8. **Chaque pièce se déplace différemment aux échecs, comment se déplace le roi ?**
   a. Le long d'une ligne
   b. Une seule case à la fois
   c. En sautant directement sur la case d'arrivée

9. **Roi, dame, tour, cavalier, pion, quelle pièce manque-t-il dans cette liste ?**
   a. Bouffon
   b. Chevalier
   c. Fou

10. **En quelle année a été créée la Fédération internationale des échecs ?**
    a. 1884
    b. 1924
    c. 1954

ÉNIGMES

Munissez-vous de votre loupe pour chercher les indices et rassemblez votre courage, votre détermination et tout votre bon sens pour venir à bout de ces énigmes !

1. Soyez rusé !

Trouvez au moins 15 mots commençant par R et se terminant par E.

R			E	R			E	R			E
R			E	R			E	R			E
R			E	R			E	R			E
R			E	R			E	R			E
R			E	R			E	R			E

2. Les mots qui manquent

Retrouvez les mots sachant qu'une même couleur représente une même lettre.

3. Deux par deux

Reliez les paires sans croiser ni superposer les traits.

				5					
	2	3	4	3	2			4	
			6						
			6						
						5	1		
									1

4. Égalité

Avec un seul trait, partagez en deux le rectangle pour obtenir le même total de chaque côté.

5. À la lettre

Modifiez une seule lettre par ligne pour passer de PELLE à NEIGE.

6. Prochaine étape

Retrouvez les mots qui ont TA en commun.

7. Des chiffres et des formes

Quel chiffre se place logiquement sur la forme verte ?

8. Sans hésitation !

Retrouvez les départements cachés dans ces anagrammes.

Sucrée ....

Tranchée ....

Raille ....

Vérine ....

Dîner ....

Orteil ....

Urée ....

Moelles ....

Mômes ....

Musée ....

Anisé ....

FRANÇAIS

Cris des bêtes !

« Le ramier roucoule, le moineau pépie, caquette la poule, jacasse la pie… » chantait Serge Gainsbourg. Voici un exercice pas si bête sur le jargon des bêtes ! Reliez le bon cri à l'animal auquel on l'associe.

1. Bourdonne •	• A. La marmotte
2. Blatère •	• B. La souris
3. Cancane •	• C. L'albatros
4. Caracoule •	• D. Le dindon
5. Chante •	• E. Le canard
6. Chicote •	• F. L'hippopotame
7. Coasse •	• G. Le bélier
8. Glougloute •	• H. Le crapaud
9. Grogne •	• I. La hyène
10. Piaule •	• J. L'abeille
11. Ricane •	• K. La baleine
12. Siffle •	• L. La tourterelle

MATHS

Le coup de la panne

Yvan et sa petite famille viennent de crever sur la route des vacances. Au moment de sortir son cric, il doit résoudre une terrible énigme… Le cric a la forme d'un losange de 21 cm de côté.

À quelle hauteur soulève-t-il la voiture lorsque la diagonale horizontale mesure 32 cm ?

HISTOIRE

Les people de l'antiquité

Plein feu sur les superstars des cahiers d'histoire avec ce quiz scoops et anecdotes croustillantes sur vos people préférés de l'antiquité ! Entourez la bonne réponse.

1. **Qui est la très fidèle femme d'Ulysse ?**
   a. Pénélope
   b. Perséphone
2. **Qui est l'amant présumé de Jules César ?**
   a. Nicomède IV, le roi de Bithynie
   b. Marc Antoine, l'amant de Cléopâtre
3. **Avec qui Cléopâtre a-t-elle trois enfants ?**
   a. Jules César
   b. Marc Antoine
4. **Lequel de ces rois lave ses cheveux dans le safran pour les garder brillants et oranges ?**
   a. Alexandre le Grand
   b. Tarquin le Superbe
5. **La tête décapitée de quel homme est offerte en cadeau à Jules César ?**
   a. Pompée
   b. Crassus
6. **De qui Himilce est-elle la petite copine ?**
   a. Hannibal Barca
   b. Hannibal Lecter
7. **Qui est retrouvé ivre mort le matin de sa nuit de noces, le nez complètement ensanglanté ?**
   a. Attila
   b. Bleda
8. **Qui est le petit ami de la belle Nefertiti ?**
   a. Akhenaton
   b. Imhotep
9. **Quel jeune Athénien de l'antiquité est connu pour sa bisexualité, son insolence et ses dépenses ?**
   a. Périclès
   b. Alcibiade
10. **Avec qui Périclès s'installe après son divorce ?**
    a. Artémise
    b. Astasie

CULTURE GÉNÉRALE

Une sacrée carrière !

Cette année, Christopher Lee aurait fêté ses 100 ans. Dans cet exercice de vrai ou faux on revient sur une des carrières les plus prolifiques d'Hollywood. Entourez la bonne réponse.

1. Christopher Lee est né et mort à Londres.
   Vrai Faux
2. Christopher Lee était aussi peintre.
   Vrai Faux
3. L'acteur est anobli en 2009 devenant *sir* Christopher Lee.
   Vrai Faux
4. C'est en 1940 que Christopher Lee fait ses débuts.
   Vrai Faux
5. Christopher Lee est l'interprète de Gandalf dans *Le Seigneur des anneaux*.
   Vrai Faux
6. L'acteur a interprété plus de cinq fois le détective Sherlock Holmes.
   Vrai Faux
7. Christopher Lee a également fait un album de métal symphonique.
   Vrai Faux
8. Johnny Depp et Christopher Lee travaillent ensemble plusieurs fois sous la direction de Tim Burton.
   Vrai Faux
9. À 17 ans, Christopher Lee a été témoin de la dernière exécution publique en France en 1939.
   Vrai Faux
10. Christopher Lee a joué dans un film de George Lucas.
    Vrai Faux

LITTÉRATURE

Les classiques de la littérature française

Connaissez-vous vos classiques ? Il fait chaud, il fait beau, profitez-en pour faire le test !

1. Qui est l'auteur de *Thérèse Raquin* ?
a. Émile Zola
b. Honoré de Balzac
c. Guy de Maupassant

2. Lequel de ces livres n'a pas été écrit par Madame de La Fayette ?
a. *La Princesse de Clèves*
b. *La Princesse de Montpensier*
c. *La Princesse Blanche*

3. En quelle année Baudelaire a-t-il publié son recueil *Les Fleurs du mal* pour la première fois ?
a. 1855
b. 1857
c. 1861

4. Quel écrivain des Lumières est l'auteur de *La Religieuse* ?
a. Voltaire
b. Diderot
c. Rousseau

5. En quelle année Victor Hugo a-t-il publié *Notre-Dame de Paris* ?
a. 1831
b. 1862
c. 1874

6. Qui est le héros de *L'Éducation sentimentale*, de Gustave Flaubert ?
a. Félix de Vandenesse
b. Fabrice del Dongo
c. Frédéric Moreau

7. Qui est l'auteur de *Belle du Seigneur* ?
a. Romain Gary
b. Albert Cohen
c. Boris Vian

8. Quelle pièce n'a pas été écrite par Jean Racine ?
a. *Alexandre le Grand*
b. *Britannicus*
c. *Le Cid*

9. Lequel de ces romans a été écrit par Alexandre Dumas fils ?
a. *La Reine Margot*
b. *La Dame aux camélias*
c. *Le Comte de Monte-Cristo*

10. Quel poète a écrit le recueil *Les Illuminations* ?
a. Verlaine
b. Apollinaire
c. Rimbaud

SCIENCES

Contre vents et marées

Si vous êtes dans le vent, vous saurez sans peine répondre à ce quiz sur les mouvements d'air !

1. Comment s'appelle l'instrument utilisé pour mesurer la vitesse du vent ?
a. L'anémomètre
b. L'hygromètre
c. Le baromètre

2. Comment appelle-t-on un vent saharien violent, très sec et très chaud ?
a. Le libeccio
b. L'harmattan
c. Le sirocco

3. Comment s'appelle le vent catabatique qui descend le couloir rhodanien ?
a. Le mistral
b. La tramontane
c. Le levant

4. Que désigne le mot blizzard ?
a. Une tempête de grêle
b. Une tempête de neige
c. Une tempête de pluie

5. Comment nomme-t-on le vent d'ouest ?
a. Le levant
b. Le ponant
c. La burle

6. Comment nomme-t-on, le vent régulier des régions intertropicales soufflant d'est en ouest ?
a. Le zéphyr
b. La mousson
c. L'alizé

7. Quel est le nom de ce vent qui sévit dans le Languedoc ?
a. Le vent d'autan
b. Le vent des Pyrénées
c. Le vent du sud

8. Comment s'appelle le dieu grec du vent ?
a. Éole
b. Déméter
c. Hélios

GÉOGRAPHIE

Waka Waka Africa

Comme dirait Britney Spears « This time for Africa », c'est au tour d'Afrique ! Dans cet exercice vous devez relier les capitales aux pays qui correspondent.

1.	Niamey •	• a.	Angola
2.	Nairobo •	• b.	Afrique du Sud
3.	Luanda •	• c.	Sénégal
4.	Le Cap •	• d.	Niger
5.	Bamako •	• e.	Kenya
6.	Alger •	• f.	Togo
7.	Mogadiscio •	• g.	Guinée équatoriale
8.	Dakar •	• h.	Somalie
9.	Lomé •	• i.	Algérie
10.	Malabo •	• j.	Mali

CULTURE GÉNÉRALE

Attrapez-les tous !

Pikachu, Salamèche, Carapuce… ces noms de Pokémon vous disent sûrement quelque chose ! Depuis la fin des années 90, la franchise Pokémon connaît un succès international et fait rêver les petits comme les grands. Êtes-vous incollable sur l'univers des Pokémon ? Répondez à ce quiz pour le savoir !

1. **Qui est le créateur des Pokémon ?**
   a. Toshihiro Nagoshi
   b. Satoshi Tajiri
   c. Masahiro Sakurai
2. **Par quoi a-t-il été inspiré pour créer les Pokémon ?**
   a. La nature
   b. Les dinosaures
   c. L'élevage de criquets
3. **Combien de types de Pokémon existe-t-il ?**
   a. 18
   b. 29
   c. 32
4. **Combien de générations de Pokémon existe-t-il ?**
   a. 4
   b. 8
   c. 10
5. **En quelle année la série télévisée d'animation *Pokémon* a-t-elle été créée au Japon ?**
   a. 1996
   b. 1997
   c. 1998
6. **Dans la série, quelle organisation tente de voler et de capturer les Pokémon ?**
   a. La Team Galaxy
   b. La Team Rocket
   c. La Team Plasma
7. **Les premiers jeux vidéo Pokémon sont sortis sur quelle console ?**
   a. La Game Boy
   b. La PlayStation
   c. La Nintendo 64
8. **Quelle est la date de sortie du jeu vidéo mobile Pokémon Go en France ?**
   a. 22 juillet 2016
   b. 24 juillet 2016
   c. 25 juillet 2016
9. **Quel Pokémon est particulièrement difficile à attraper dans le jeu Pokémon Go ?**
   a. Mew
   b. Blizzaroi
   c. Saquedeneu
10. **Combien d'espèces de Pokémon existe-t-il ?**
    a. 600
    b. 750
    c. 900

EXERCICES CÉRÉBRAUX

L'été c'est le moment idéal pour muscler son corps ! Grâce à ces exercices, musclez votre cerveau, vous épaterez ainsi vos amis au bord de la piscine !

1. Numération

Complétez avec des chiffres différents, pour obtenir un total de 12 dans les cases reliées par la même couleur.

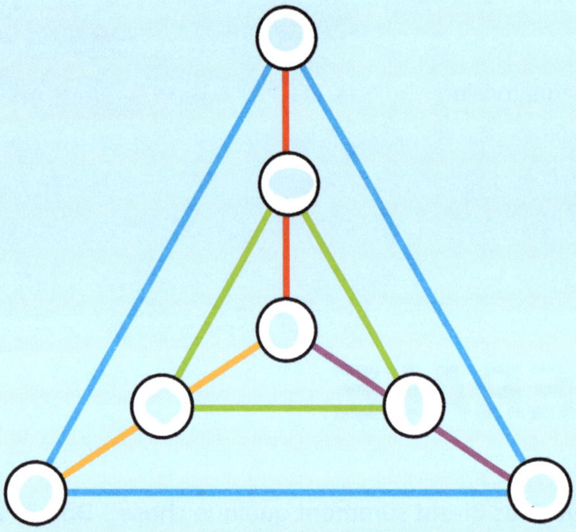

2. Anniversaires

Timothée a 2 fois l'âge de son petit frère Jules. À eux deux, ils ont 27 ans. Quels sont leurs âges respectifs ?

....

3. Le bon numéro

Quel est le numéro de la place de parking sur laquelle la voiture est garée ?

4. Express

Quelle expression se cache derrière ce dingbat ?

5. Devinette

Le tiers de ma moitié + ma moitié = 40. Quel chiffre suis-je ?

....

6. Relais !

Trouvez au moins 40 mots en utilisant des lettres mitoyennes en vertical, horizontal ou diagonal. Par exemple : C O U R

K	I	E	N
S	A	L	R
I	T	O	U
E	S	C	F

7. Des chiffres

Complétez ce sudoku !

	5		2					
9		8		5		3		
7	3						2	
		3			9	8	5	
5	8		4		3		6	2
	7	2	8			9		
	6						1	4
		7		6		2		9
					8		3	

8. Suivez le guide

Placez les chiffres 1, 2, 3, 4, 5, 6, 7, 8, sachant que :
5 est gauche de 6 et au-dessus de 3
7 est en dessous de 6 et à gauche de 2
4 est en dessous de 3 et à gauche de 1
8 est en dessous de 2 et à droite de 1.

& FRANÇAIS

Franglais

L'anglais possède de nombreuses expressions idiomatiques qu'il convient de connaître pour bien comprendre son interlocuteur britannique. Petite sélection : reliez l'expression anglaise à sa traduction littérale et sa véritable traduction.

Expression anglaise	Traduction littérale	Véritable traduction
1. To get cold feet •	• Le glaçage sur le gâteau •	• Bonne chance
2. As easy as a duck soup •	• Hors du bleu •	• Œil pour œil, dent pour dent
3. It's raining cats and dogs •	• Ne pas juger un livre à sa couverture •	• Il pleut des cordes
4. Icing on the cake •	• Casser une jambe •	• En faire tout un fromage
5. Tit for tat •	• Aussi simple qu'une soupe de canard •	• Tous les 36 du mois
6. Out of the blue •	• Avoir les pieds froids •	• La cerise sur le gâteau
7. Break a leg •	• Faire une montagne d'une taupinière •	• Ne pas se fier aux apparences
8. Once in a blue moon •	• Une fois dans la lune bleue •	• Avoir le trac
9. Don't judge a book by its cover •	• Du tac au tac •	• Sans crier gare
10. To make a mountain out of a molehill •	• Il pleut des chats et des chiens •	• Un jeu d'enfant

MATHS

C'est bath

Batman a laissé sa Batmobile au carwash, mais le crime n'attend pas… Le Joker s'est caché en haut de la Colline Maline et Batman doit lui régler son compte, pour cela il emprunte sa trottinette à Robin et grimpe les 13,8 km qui le séparent du Joker et il met 54 minutes…

Calculez sa vitesse moyenne en km/h :

....

....

....

....

HISTOIRE

Le vrai-faux de l'Inquisition en dix questions…

L'Inquisition, comme chacun le sait (n'est-ce pas ?), est une juridiction moyenâgeuse créée par l'Église catholique dans le but de combattre la diffusion de pensées dites hérétiques… Entourez la bonne réponse.

1. **L'Inquisition est créée au XIIIe siècle par l'Église et par le Pape…**
   a. Vrai
   b. Faux
2. **À sa création, l'inquisition est confiée aux dominicains…**
   a. Vrai
   b. Faux
3. **Les Albigeois sont des inquisiteurs…**
   a. Vrai
   b. Faux
4. **Les Cathares sont considérés comme des hérétiques…**
   a. Vrai
   b. Faux
5. **Les sorciers, les homosexuels, les bigames sont considérés comme des hérétiques…**
   a. Vrai
   b. Faux
6. **La torture ne fait pas partie du programme de l'Inquisition…**
   a. Vrai
   b. Faux
7. **Les hérétiques sont traqués et encourent la peine de mort…**
   a. Vrai
   b. Faux
8. **Un hérétique peut passer aux aveux avec un chat à neuf queues…**
   a. Vrai
   b. Faux
9. **Robert le Bougre est un ancien inquisiteur converti en hérétique…**
   a. Vrai
   b. Faux
10. **L'Inquisition est abolie hors des États papaux au début du XIXe siècle…**
    a. Vrai
    b. Faux

CULTURE GÉNÉRALE

Quand la magie prend vie

Ce quiz sur les dessins animés Disney n'est pas comme les autres, ici il faut deviner dans quel film apparaît l'animal sur la photo. Vous avez douze titres de films à trouver et à écrire en dessous de chaque image.

1…………………………

2…………………………

3…………………………

4…………………………

5…………………………

6…………………………

7…………………………

8…………………………

9…………………………

10…………………………

11…………………………

12…………………………

LITTÉRATURE

La vie en jaune

Je ne me souviens plus du titre, mais la couverture est jaune… Associez le titre à la couverture du livre correspondante… Et comme ce sont les vacances, on imagine que vous avez plus de temps pour lire, alors considérez cet exercice comme une façon colorée de vous donner des idées de lecture !

Mille soleils splendides • Le mystère de la chambre jaune • L'Anti-lune de miel • La Passe-miroir - Les disparus du Clairdelune • Sept jours pour une éternité • Quand nos souvenirs viendront danser • Vernon Subutex • Le serpent majuscule • L'Inconnue de la Seine • La tresse • Ne t'enfuis plus • Les Contreforts

1……………….

2……………….

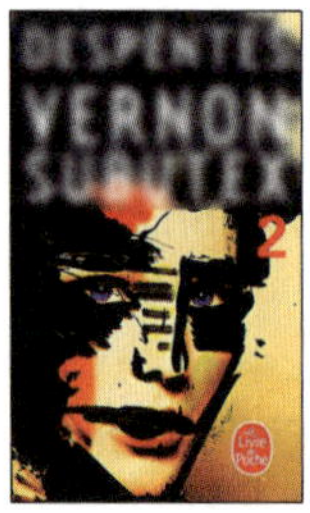

3……………….

4……………….

5……………….

6……………….

7……………….

8……………….

9……………….

10……………..

11……………

12……………

SCIENCES

Mon corps, ce héros !

La plupart d'entre nous ont déjà pu le constater, le corps humain est une formidable machine qui détient les plus incroyables des super-pouvoirs ! En d'autres termes, le super-héros qu'est notre corps n'est pas près de nous décevoir !

1. Quel organe a la faculté de repousser quand on le coupe ?
a. Le foie
b. La rate
c. L'estomac

2. Combien de spermatozoïdes un homme produit-il au cours d'une vie ?
a. Plusieurs milliers
b. Plusieurs millions
c. Plusieurs milliards

3. Quel organe rougit aussi lorsque vous rougissez ?
a. L'estomac
b. Le cœur
c. La vésicule biliaire

4. Le cerveau produit-il assez d'électricité pour allumer une ampoule ?
a. Oui
b. Non
c. Le cerveau ne produit pas d'électricité

5. Quel est le muscle le plus puissant du corps humain ?
a. Le biceps
b. La langue
c. Le fessier

6. Quel poids maximum peut supporter un cheveu ?
a. 1 kilo
b. 2 kilos
c. 3 kilos

7. Combien de temps une tête humaine peut-elle rester consciente après avoir été décapitée ?
a. Entre 2 et 5 secondes
b. Entre 15 et 20 secondes
c. Elle ne peut pas rester consciente

8. Combien de litres de salive le corps produit-il sur toute une vie ?
a. L'équivalent d'un seau
b. L'équivalent d'une baignoire
c. L'équivalent de deux piscines

9. Quelle est la vitesse record d'un éternuement ?
a. 15 km/h
b. 55 km/h
c. 165 km/h

10. Combien de fois notre cœur bat-il par jour ?
a. 100 000 fois
b. 10 000 fois
c. 1000 fois

GÉOGRAPHIE

Attachez vos ceintures !

Vous aimez les voyages en voiture ? Vous avez plutôt intérêt si vous voulez parcourir les distances à deviner dans cet exercice ! Reliez la destination avec le kilométrage correspondant.

1. Lille/Saint Raphaël •	• a. 1481 km (15h49 min)
2. Bruxelles/Varsovie •	• b. 518 km (5h55 min)
3. Moscou/Bucarest •	• c. 1467 km (14h46 min)
4. Athènes/Budapest •	• d. 1102 km (10h23 min)
5. Séville/Lisbonne •	• e. 463 km (4h29 min)
6. Nantes/Zurich •	• f. 1294 km (13h04 min)
7. Madrid/Luxembourg •	• g. 1784 km (23h37 min)
8. Amsterdam/Paris •	• h. 980 km (19h17 min)
9. Prague/Istanbul •	• i. 1696 km (16h05 min)
10. Berlin/Sarajevo •	• j. 1841 km (19h36 min)

CULTURE GÉNÉRALE

The queen of disco

En 2022 le monde de la musique s'endeuille et commémore les 10 ans de la disparition de Donna Summer, chanteuse de renommée internationale et vedette incontestée du disco. Rien de mieux qu'un quiz pour se remémorer la carrière et les chansons de « La Reine du Disco » !

1. **Quel est le véritable nom de Donna Summer ?**
   a. Donna Ellen Gaines
   b. Donna Adrian Gaines
   c. LaDonna Adrian Gaines

2. **Comment a-t-elle débuté dans la musique ?**
   a. Elle participait à la chorale de gospel de son église
   b. Sa mère l'a inscrite à des cours de chant dès ses 5 ans
   c. Elle jouait de la guitare dès son plus jeune âge

3. **Quel single a été allongé à la demande de Neil Bogart, le patron de Casablanca Records ?**
   a. *Hot Stuff*
   b. *Love to Love You Baby*
   c. *Bad Girls*

4. **En quelle année son single *I Feel Love* est-il sorti ?**
   a. 1974
   b. 1977
   c. 1982

5. **Avec quelle artiste a-t-elle enregistré son tube *No More Tears (Enough is Enough)* ?**
   a. Tina Turner
   b. Dolly Parton
   c. Barbra Streisand

6. **Avec qui s'est-elle mariée en 1980 ?**
   a. Bruce Sudano
   b. Helmuth Sommer
   c. Giorgio Moroder

7. **Quel tube de Donna Summer a été remixé par Kygo en 2020 ?**
   a. *She Works Hard for the Money*
   b. *I Feel Love*
   c. *Hot Stuff*

8. **Donna Summer a remporté combien de Grammy Awards au cours de sa carrière ?**
   a. 3
   b. 5
   c. 7

9. **Quel est le titre de son dernier album studio ?**
   a. *Crayons*
   b. *I'm A Rainbow*
   c. *Christmas Spirit*

10. **Donna Summer a vendu combien de disques au cours de sa carrière ?**
    a. 90 millions
    b. 130 millions
    c. 200 millions

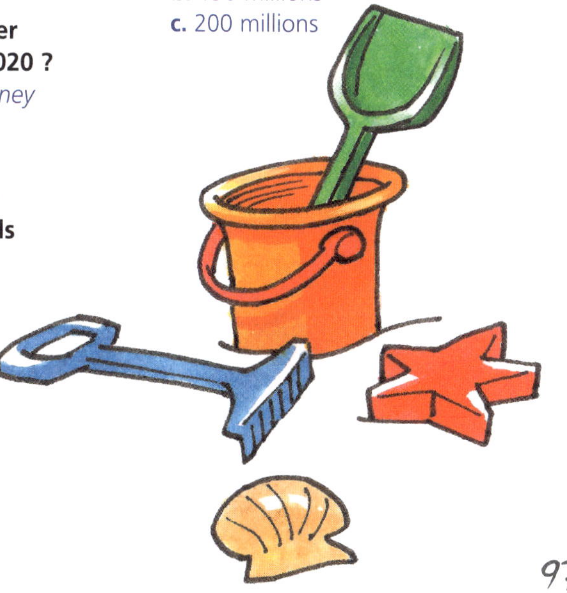

JEUX DE MÉMOIRE

Avoir une bonne mémoire, ce n'est pas dérisoire, c'est même un devoir ! Grâce à ces petits exercices conçus pour faire travailler votre mémoire d'éléphant vous n'avez plus d'échappatoire ! Avant de commencer, munissez-vous d'un stylo, d'un chrono et d'une feuille blanche qui vous servira à masquer les exercices lorsque cela vous sera indiqué !

1. En rang d'oignon

Votre mission, si vous l'acceptez : observez pendant 2 minutes ces 16 images. Il vous faudra mémoriser leur nom et leur emplacement. À la fin du temps indiqué, cachez les images et notez les noms qui conviennent aux bons emplacements.

2. C'est votre dernier mot ?

Voici une nouvelle façon de faire travailler votre mémoire de façon notoire ! Mémorisez les 10 mots de cette liste pendant 2 minutes (ou moins !) ; puis, après les avoir cachés à l'aide de votre feuille, retranscrivez-les, dans l'ordre, et mot pour mot !

POTAGER

RÂTEAU

AGRICOLE

PÉPINIÈRE

Récolte

bouture

JARDINIER

AMEUBLISSEMENT

Bêche

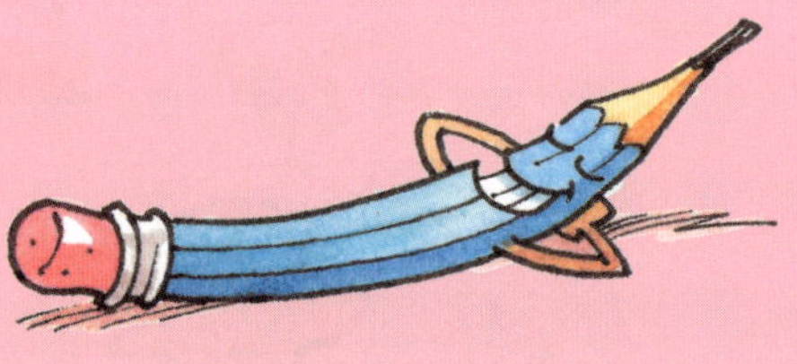

3. Cases noires

Pour vérifier qu'il n'y a pas de trous noirs dans votre mémoire, prenez 2 minutes pour mémoriser la grille ci-dessous en repérant les cases noires. Une fois que vous êtes prêt, cachez la grille noircie et prenez votre stylo pour noircir la grille vierge de la même façon.

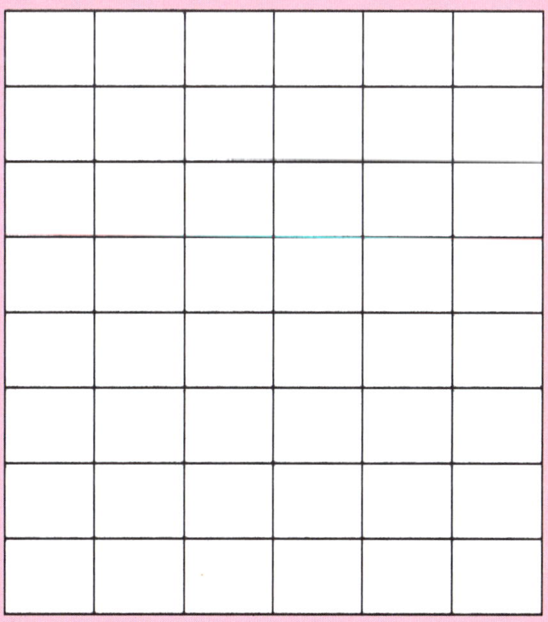

4. Un peu de poésie

Pour terminer en beauté, prenez le temps qu'il vous faut pour mémoriser ce poème de François Coppée, *À une tulipe.*

À une tulipe

Ô rare fleur, ô fleur de luxe et de décor,
Sur ta tige toujours dressée et triomphante,
Le Velasquez eût mis à la main d'une infante
Ton calice lamé d'argent, de pourpre et d'or.

Mais, détestant l'amour que ta splendeur enfante,
Maîtresse esclave, ainsi que la veuve d'Hector,
Sous la loupe d'un vieux, inutile trésor,
Tu t'alanguis dans une atmosphère étouffante.

Tu penses à tes soeurs des grands parcs, et tu peux
Regretter le gazon des boulingrins pompeux,
La fraîcheur du jet d'eau, l'ombrage du platane ;

Car tu n'as pour amant qu'un bourgeois de Harlem,
Et dans la serre chaude, ainsi qu'en un harem,
S'exhalent sans parfum tes ennuis de sultane.

François Coppée

FRANÇAIS

Le participe passé

Le participe passé des verbes conjugués avec être s'accorde en genre et en nombre avec le sujet. Avec avoir, on accorde en genre et en nombre avec le COD seulement si ce dernier précède le verbe (Cette femme, Michel Sardou prétend qu'il va l'aimer comme on ne l'a jamais aimée). Pour vous entraîner, accordez le verbe au temps approprié !

1. Ma femme ne s'était jamais (rendre compte) .... que je suis beau.

2. Cette fille, je l'ai (épouser) .... pour le meilleur et pour le pire, pas pour qu'on déjeune ensemble.

3. Les as-tu (retrouver) ...., tes clés de bagnole ?

4. (Voir) .... du soleil, à quoi ressemblerait une maison ?

5. Nous avons (ramasser) .... ces billets par terre.

6. Ces fleurs, je les ai (cueillir) .... pour toi.

7. Cette voiture ne vaut pas les 10 000 euros qu'elle a (coûter) ....

8. Ces places de concert, nous les avons (acheter) .... ensemble.

9. Mes parents ne se sont (disputer) .... qu'une fois en 45 ans. Ça a (durer) .... 43 ans.

10. La seule chose que nous avons en commun mon mari et moi ? Nous sommes (marier) .... le même jour.

MATHS

En goguette

Cet été Anne et Yannick ont décidé de faire le tour de France à bord d'une Zoé de location. La prochaine étape est Lyon-Toulon. Sachant que ces villes sont distantes de 378 km et qu'ils ne dépasseront pas les 90 km/h, trouvez le temps qu'il leur faudra pour parcourir cette distance.

....

....

....

....

HISTOIRE

Personnages historiques, qui suis-je ?

Elles/ils ont joué un rôle phare dans l'Histoire et ont définitivement marqué nos mémoires… Petit quiz qui suis-je ? sur les personnages iconiques de notre petit monde tout à fait fantastique !

1. **Je suis la seule femme à recevoir deux prix Nobel… qui suis-je ?**
   a. Nadia Murad
   b. Marie Curie
2. **Je suis pasteur et leader de la lutte contre la ségrégation raciale aux States… qui suis-je ?**
   a. Malcom X
   b. Martin Luther King
3. **Je suis le chef et le roi des Avernes… qui suis-je ?**
   a. Vercingétorix
   b. Assurancetourix
4. **Je suis la reine guillotinée pendant la Révolution française… qui suis-je ?**
   a. Marie-Antoinette d'Autriche
   b. Marie-Thérèse d'Autriche
5. **Je suis le beau gosse des astres et j'ai 3 millions d'abonnés sur mon compte Insta… qui suis-je ?**
   a. Thomas Pesquet
   b. Nicolas Copernic
6. **Je suis la première femme britannique à devenir premier ministre… qui suis-je ?**
   a. Margaret Thatcher
   b. Theresa May
7. **Je me lève et je quitte la cérémonie des César… qui suis-je ?**
   a. Virginie Despentes
   b. Adèle Haenel
8. **Je suis l'empereur exilé sur l'île de Sainte-Hélène… qui suis-je ?**
   a. Napoléon Bonaparte
   b. Napoléon III
9. **Je suis à l'origine de la loi sur l'interruption volontaire de grossesse… qui suis-je ?**
   a. Simone Veil
   b. Simone de Beauvoir
10. **Je suis le papa de la psychanalyse… qui suis-je ?**
    a. Sigmund Freud
    b. Jacques Lacan

CULTURE GÉNÉRALE

De la poésie plein les yeux

Le studio Ghibli et son fondateur Hayao Miyazaki ont atteint une renommée mondiale grâce à leurs films d'animation. On vous en a sélectionné 12, saurez-vous placer le titre du film sous l'image correspondante ?

Kiki la petite sorcière • Arrietty • Princesse Mononoké • Le Château ambulant • Nausicaä et la vallée du vent • Porco Rosso • Le Voyage de Chihiro • Ponyo sur la falaise • Le Château dans le ciel • Mon voisin Totoro • Le ent se lève • Le Royaume des chats.

1……………………………

2……………………………

3……………………………

4……………………………

5……………………………

6……………………………

7……………………………

8……………………………

9……………………………

10……………………………

11……………………………

12……………………………

LITTÉRATURE

Le juste titre

Certains auteurs font preuve de beaucoup d'imagination quant au choix des titres de leurs ouvrages… Tous ceux-là existent ! À vous de les compléter pour trouver le juste titre ! Entourez la bonne réponse.

1. **Romain Puértolas est l'auteur de *L'extraordinaire voyage du fakir qui était resté coincé dans…***
   a. *Une armoire normande*
   b. *Une armoire Ikea*
   c. *Une armoire Roche Bobois*
2. **Umberto Eco est l'auteur de *Comment voyager avec…***
   a. *Un saumon*
   b. *Une truite*
   c. *Ses enfants*
3. **Oliver Sacks est l'auteur de *L'homme qui prenait sa femme pour…***
   a. *Une quiche*
   b. *Un chapeau*
   c. *Sa bonniche*
4. **Kathleen Meyer est l'autrice de *Comment…***
   a. *Faire son shampooing dans un champ*
   b. *Faire ses besoins dans un coin*
   c. *Chier dans les bois*
5. **Roy Lewis est l'auteur de *Pourquoi j'ai mangé…***
   a. *Mon père*
   b. *Mon livre*
   c. *Mes crottes de nez*
6. **Gilles Paris est l'auteur de *Autobiographie d'une…***
   a. *Aubergine*
   b. *Citrouille*
   c. *Courgette*
7. **Philip K. Dick est l'auteur de *Les Androïdes rêvent-ils de…***
   a. *Champignons magiques*
   b. *Bavettes synthétiques*
   c. *Moutons électriques*
8. **Katherine Pancol est l'autrice de *Les écureuils de Central Park sont…***
   a. *Super gentils*
   b. *Heureux l'après-midi*
   c. *Tristes le lundi*
9. **Jonas Jonasson est l'auteur de *Le Vieux qui ne voulait pas…***
   a. *Avaler son dentier*
   b. *Se couper les ongles de pied*
   c. *Fêter son anniversaire*
10. **Aimée Bender est l'autrice de *La singulière tristesse du…***
    a. *Confit de canard*
    b. *Gratin dauphinois*
    c. *Gâteau au citron*

SCIENCES

Quiz musclé

Un muscle est un tissu qui a la propriété de se contracter et donc de devenir plus court… En fait, une personne musclée a tout simplement moins de graisse autour… Faites travailler les muscles de vos connaissances pour ce quiz classé sciences !

1. **De combien de muscles le corps humain est-il constitué ?**
   a. 439
   b. 539
   c. 639
2. **Comment se nomme la science qui étudie les muscles ?**
   a. la miologie
   b. la myologie
   c. la myhologie
3. **Quel est le muscle le plus long ?**
   a. Le muscle sartorius
   b. Le muscle psoas
   c. Le muscle piriforme
4. **Lequel de ces muscles ne se trouve pas dans le visage ?**
   a. Le masseter
   b. Le risorius
   c. L'obturateur interne
5. **Combien l'œil possède-t-il de muscles ?**
   a. 6
   b. 8
   c. 10
6. **Comme s'appelle la couche de muscles lisses située dans la paroi de la vessie ?**
   a. Le détrusor
   b. Le déconstructor
   c. Le déglingor
7. **Combien le corps utilise-t-il de muscles pour se tenir en équilibre ?**
   a. 100
   b. 200
   c. 300
8. **Quel est l'autre nom du mollet ?**
   a. Le biceps sural
   b. Le triceps sural
   c. Le quadriceps sural
9. **Combien de muscles entrent-t-ils en jeu dans le sourire ?**
   a. 2
   b. 9
   c. 17
10. **Comment s'appellent les 3 types de muscles ?**
    a. Les muscles lisses, squelettiques et cardiaques
    b. Les muscles rugueux, adipeux et veineux
    c. Les muscles mous, adducteurs et cellulaires

GÉOGRAPHIE

Où est le chef-lieu ?

À chaque département son chef-lieu. Est-ce que vous connaissez les chefs-lieux des cent départements français ? On va vous tester sur 10 d'entre eux, entourez la bonne réponse.

1. **Quel est le chef-lieu du département du Gard (30) ?**
   a. Toulon
   b. Vannes
   c. Nîmes
2. **De quel département la ville de Périgueux est-elle le chef-lieu ?**
   a. La Dordogne (24)
   b. Le Nord (59)
   c. La Somme (80)
3. **Quel est le chef-lieu du département de l'Ain (01) ?**
   a. Vesoul
   b. Bourg en Bresse
   c. Saint-Brieuc
4. **De quel département la ville de Poitiers est-elle le chef-lieu ?**
   a. La Vienne (86)
   b. L'Essonne (91)
   c. Le Rhône (69)
5. **Quel est le chef-lieu du département de Val-de-Marne (94) ?**
   a. Créteil
   b. Évry
   c. Bayeux
6. **Quel est le chef-lieu du département du Bas-Rhin (68) ?**
   a. Colmar
   b. Clermont-Ferrand
   c. Strasbourg
7. **De quel département la ville de Saint-Lô est-elle le chef-lieu ?**
   a. La Manche (50)
   b. Le Finistère (29)
   c. La Marne (51)
8. **Quel est le chef-lieu du département de La Corrèze (19) ?**
   a. Dijon
   b. Tulle
   c. Le Havre
9. **De quel département la ville de Moulins est-elle le chef-lieu ?**
   a. La Sarthe (72)
   b. Le Tarn-et-Garonne (82)
   c. L'Allier (03)
10. **Quel est le chef-lieu du département de la Somme (80) ?**
    a. Chambéry
    b. Rouen
    c. Amiens

CULTURE GÉNÉRALE

En avant la musique !

Le Top 50 était une émission incontournable pour connaître les musiques du moment. Dans cet exercice nous vous proposons de revenir sur l'histoire de ce classement et des chansons qui l'ont marqué. Entourez la bonne réponse parmi les trois propositions.

1. **Quelle organisation est à l'origine du Top 50 ?**
   a. Canal +
   b. le Syndicat national de l'édition phonographique
   c. le Conseil supérieur de l'audiovisuel
2. **En quelle année a eu lieu la première diffusion du Top 50 ?**
   a. 1975
   b. 1971
   c. 1984
3. **Qui fût le premier animateur de l'émission et sur quelle chaîne ?**
   a. Marc Toesca sur Canal+
   b. Sam Z sur France 2
   c. Ness sur MCM
4. **Quel jour de la semaine était diffusé le top 50 ?**
   a. Lundi
   b. Samedi
   c. Mercredi
5. **Quelle musique est restée 22 semaines numéro un du Top 50 en 2013 ?**
   a. *Happy* de Pharrell Williams
   b. *Shape of you* de Ed Sheeran
   c. *Party Rock Anthem* de LMFAO
6. **Quelle est l'artiste qui a eu le plus de titres placés en numéro un du Top 50 au cours de sa carrière ?**
   a. Lady Gaga
   b. Mylène Farmer
   c. Vanessa Paradis
7. **Combien de semaines la chanson *Dur dur d'être un bébé* de Jordy est-elle restée numéro un du Top 50 ?**
   a. 5
   b. 10
   c. 15
8. **En quelle année la chanson *La tribu de Dana* de Manau est-elle restée douze semaines en première place du Top 50 ?**
   a. 1994
   b. 1996
   c. 1998

9. **En quelle année MCM a arrêté de diffuser le classement du Top 50 ?**
   a. 2010
   b. 2015
   c. 2020
10. **Quelle était la chanson du générique du Top 50 les premières années de diffusion ?**
    a. *Dream* de P. Lion
    b. *Happy children* de P. Lion
    c. *Under the Ice* de Topo et Roby

ORIGAMI N°2

Profitez des vacances pour vous (re)mettre à l'origami, ou plus simplement plier du papier pour fabriquer ce que vous voulez, ou presque ! Pour cela, rien de plus simple, munissez-vous d'une feuille de papier carré. Vous pouvez commencer par des classiques, comme la baleine ou le bateau, avant de confectionner un poisson !

1. La baleine

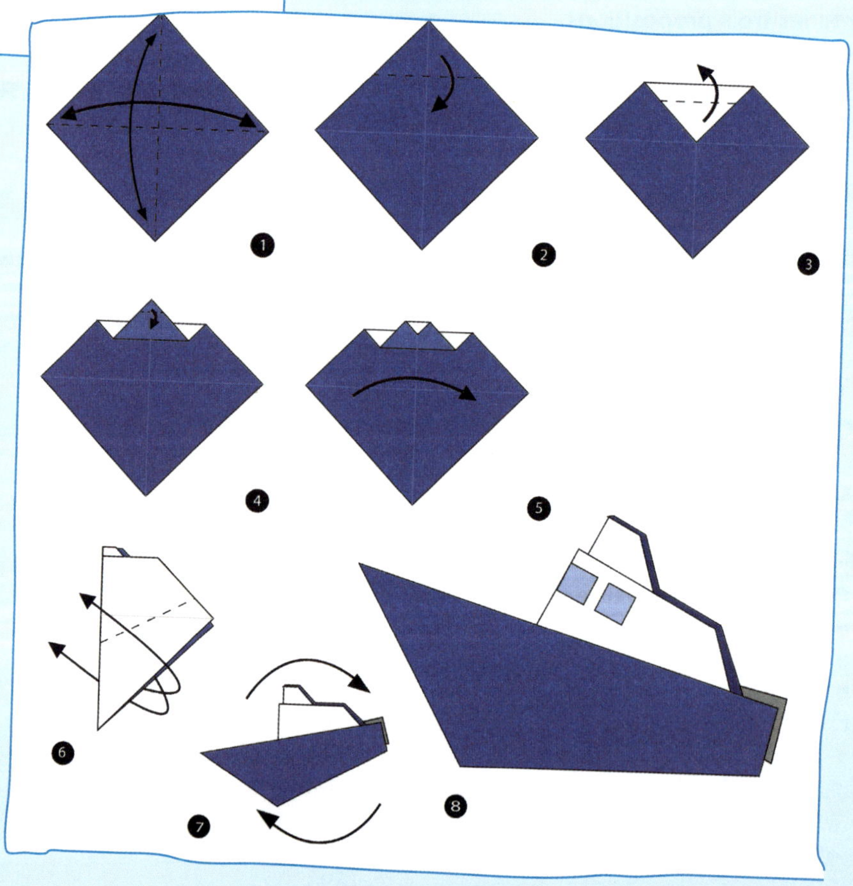

2. Le bateau

3. Le poisson

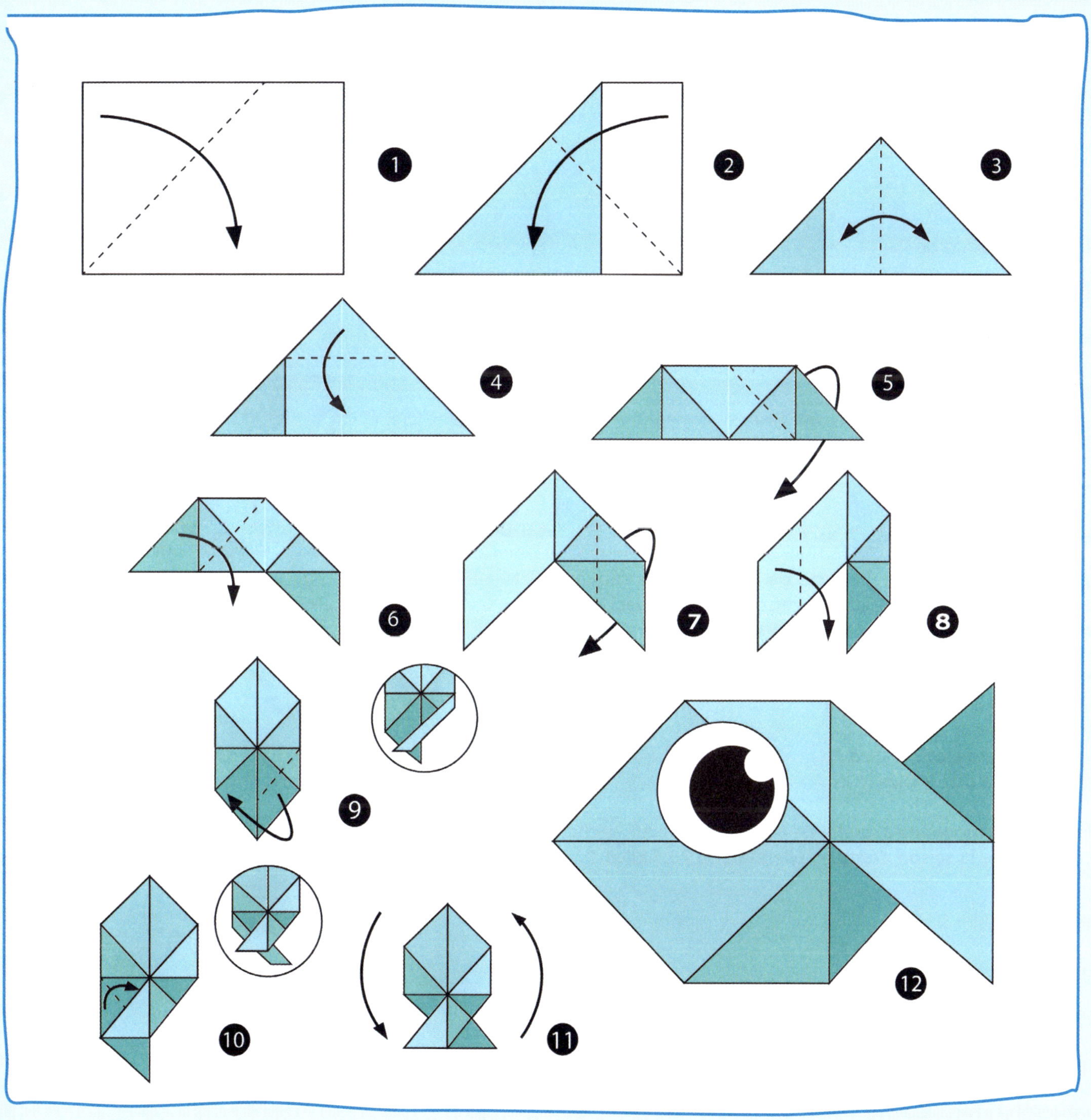

FRANÇAIS

Passion collection

Il nous arrive à tous d'amasser des objets et d'acquérir babioles et breloques en retour de brocante… Pour certains cela reste occasionnel de cumuler des choses mais parfois cela dépasse la simple névrose ! Saurez-vous retrouver qui collectionne quoi ? Rendez-vous au pays de la chine : Prêts, feu, reliez !

1. L'appertophile •
2. Le nanipabullophile •
3. Le plangonophile •
4. L'ésitériophile •
5. Le latrinapapirophile •
6. Le tudiculaphile •
7. Le cumixaphile •
8. Le glandophile •
9. Le botumodélophile •
10. Le camisophile •
11. L'instogratophile •
12. Le lucanophile •
13. Le mélabélophile •
14. Le scalaglobuphile •
15. Le schoïnopentaxophile •

• a. Les allumettes
• b. Les tickets de loterie à gratter
• c. Les bateaux en bouteille
• d. Le papier toilette
• e. Les titres de transport
• f. Les balles de frondes
• g. Les ouvre-boîtes
• h. Les cuillères à cocktail
• i. Les étiquettes de miel
• j. Les cordes de pendus
• k. Les nains de jardin à brouette
• l. Les boules de rampes d'escalier
• m. Les poupées
• n. Les cerfs-volants
• o. Les chemises

MATHS

Deux poids, deux mesures

Après les vacances d'été, l'effectif de 20 joueurs de l'équipe de foot de Triffouilly-les-Bains se retrouve. Les médecins font passer sur la balance tous les joueurs, et notent que :

1 joueur a perdu 2 kilos
2 joueurs ont perdu 1 kilo
5 joueurs ont un poids égal
7 joueurs ont pris 1 kilo
4 joueurs ont pris 2 kilos
1 joueur a pris 5 kilos

Quelle est la moyenne actuelle de poids de l'effectif, sachant qu'à la fin de la saison dernière, elle était de 70,6 kilos ?

HISTOIRE

Mission espions

Pour protéger leurs intérêts, les États n'hésitent pas à faire appel aux agents spécialisés de leurs services secrets… Les meilleurs films en parlent et pour cause, l'espionnage est une pratique ancestrale ! Entourez la bonne réponse.

1. **Comment s'appellent les services secrets en France ?**
   a. La DGSE
   b. La SDGE
2. **Qu'est-ce qu'un agent-dormant dans le domaine du renseignement ?**
   a. Un agent qui fait semblant de dormir pour récupérer des informations
   b. Un agent provisoirement et délibérément inactif
3. **Que signifie l'acronyme ROEM ?**
   a. Renseignement d'Origine Étrangère militaire
   b. Renseignement d'Origine Électromagnétique
4. **De quel pays le Sigurimi est-il un ancien service de renseignement ?**
   a. La Turquie
   b. L'Albanie
5. **Qu'est-ce que le Bundesnachrichtendienst ?**
   a. Le service de renseignement extérieur du gouvernement fédéral allemand
   b. Le service de renseignement extérieur du Luxembourg
6. **Dans quoi se lancent les services secrets britanniques ?**
   a. L'espionnage bleu (l'espionnage maritime dans la Manche)
   b. L'espionnage vert (l'espionnage écolo)
7. **À quel pays appartient le service de renseignement SGRS ?**
   a. La Belgique
   b. Les Pays-Bas
8. **Lequel de ces dirigeants est un ancien officier des services secrets de son pays ?**
   a. Vladimir Poutine
   b. Volodymyr Oleksandrovytch Zelensky
9. **Quelle est l'abréviation du Service fédéral de sécurité de la Fédération de Russie ?**
   a. Le KGB
   b. Le FSB
10. **À quel service secret fait référence Steven Spielberg dans son film *Munich* ?**
    a. La CIA
    b. Le Mossad

CULTURE GÉNÉRALE

Rapide et dangereux !

Vous avez reconnu ce titre ? C'est comme ça que les films *Fast and Furious* sont appelés au Québec ! Ce quiz de vrai ou faux vous fera réviser vos connaissances sur cette série de films. Entourez la bonne réponse.

1. **Le personnage principal de *Fast and Furious* est joué par Vin Diesel.**
   Vrai Faux
2. ***Fast and Furious 8* est l'opus qui a fait le plus d'entrées au box-office en France.**
   Vrai Faux
3. **Il existe trois courts métrages dans la série de films *Fast and Furious*.**
   Vrai Faux
4. **Le premier *Fast and Furious* est basé sur un article qui parle de courses-poursuites et de vols à New York.**
   Vrai Faux
5. ***Fast and Furious 5* n'a pas été tourné à Rio de Janeiro.**
   Vrai Faux
6. **Le premier *Fast and Furious* est sorti en 2001.**
   Vrai Faux
7. **Le personnage Dominic Toretto apparaît dans le deuxième opus de *Fast and Furious.***
   Vrai Faux
8. **Le troisième film *Fast and Furious* ne s'appelle pas *Fast and Furious 3*.**
   Vrai Faux
9. **Le budget de *Fast and Furious 7* et *8* était de 250 000 000 $.**
   Vrai Faux
10. **Le personnage Luke Hobbs interprété par Dwayne Johnson n'apparaît qu'à partir de *Fast and Furious 6*.**
    Vrai Faux

LITTÉRATURE

Personnages féminins

La littérature regorge de héros incroyables mais aussi d'héroïnes fantastiques ! Connaissez-vous ces femmes ? Petit test qui vous permettra de faire vos preuves en reliant chaque héroïne à son livre et son auteur. À vos stylos !

Héroïnes

1. Antigone •
2. Arya Stark •
3. Defred •
4. Elizabeth Bennet •
5. Hermione Granger •
6. Hester Prynne •
7. Juliette Capulet •
8. Katniss Everdeen •
9. Lisbeth Salander •
10. Miss Marple •

Livres

- • *Millénium* •
- • *La Lettre écarlate* •
- • *Roméo et Juliette* •
- • *Hunger Games* •
- • *La Servante écarlate* •
- • *L'Affaire Protheroe* •
- • *Orgueil et Préjugés* •
- • *Harry Potter* •
- • *Antigone* •
- • *Le Trône de fer* •

Auteur(e)s

- Nathaniel Hawthorne
- Jane Austen
- George R. R. Martin
- Agatha Christie
- Stieg Larsson
- Jean Anouilh
- Suzanne Collins
- Margaret Atwood
- William Shakespeare
- J. K. Rowling

SCIENCES

Révisons les grandes inventions

Sans elles nous n'en serions pas là, ça c'est certain… Focus sur les innovations qui ont révolutionné notre quotidien ! Répondez à ces 10 questions sur les 10 plus grandes inventions !

1. **Qui sont les inventeurs de l'ampoule électrique ?**
   a. James Bowman Lindsay et Thomas Edison
   b. Tabitha Babbitt et Éli Whitney
   c. Auguste et Louis Lumière
2. **En quelle année Edward Jenner met-il au point le premier vaccin contre la variole ?**
   a. En 1654
   b. En 1796
   c. En 1823
3. **Qui est l'inventeur du tout premier téléphone ?**
   a. Alexander Graham Bell
   b. Martin Cooper
   c. Thomas S. Ross
4. **Quel est le premier livre imprimé en 1455 par Gutenberg ?**
   a. *L'Encyclopédie*
   b. *Le Kama sutra*
   c. *La Bible*
5. **Comment s'appelle le premier ordinateur commercialisé en 1965 ?**
   a. l'Olivetti Programma 101
   b. Le Personal Computer 3000
   c. Le Magic Mac 2000
6. **Quels frères sont les inventeurs du premier avion ?**
   a. Les frères Coen
   b. Les frères Wright
   c. Les frères Bogdanov
7. **En quelle année est fabriqué le premier réfrigérateur domestique ?**
   a. En 1893
   b. En 1903
   c. En 1913
8. **De quelle origine est la première automobile au monde ?**
   a. Allemande
   b. Française
   c. Américaine
9. **À quelle période apparaît la première horloge mécanique ?**
   a. Au début du XIIe siècle
   b. À la fin du XIIIe siècle
   c. Au milieu du XIVe siècle
10. **Qui est l'inventeur de l'appareil photo ?**
    a. Joseph Nicéphore Niépce
    b. Albert Kodak
    c. Émile Polaroid

GÉOGRAPHIE

Connaître la France

Vous pensez tout connaître de notre beau pays ? C'est le moment de le prouver. Répondez vrai ou faux à ces dix faits géographiques sur la France.

1. **La France a une superficie de 551 695 km² hors outre-mer.**
   Vrai Faux
2. **L'île d'Yeu est située en Charentes Maritimes.**
   Vrai Faux
3. **Le plus long cours d'eau de France est la Garonne.**
   Vrai Faux
4. **La France possède cinq façades maritimes.**
   Vrai Faux
5. **Metz est plus proche de la frontière allemande que de la frontière luxembourgeoise.**
   Vrai Faux
6. **La Loire mesure 1 006 km.**
   Vrai Faux
7. **Le mont Blanc mesure 3 808,72 m.**
   Vrai Faux
8. **L'étang de Lavalduc se trouve dans le département des Bouches-du-Rhône.**
   Vrai Faux
9. **La France partage 620 km de frontières avec la Belgique.**
   Vrai Faux
10. **Le piton de la Fournaise est un volcan situé sur l'île de la Réunion.**
    Vrai Faux

CULTURE GÉNÉRALE

En avant la musique !

Cette année on peut fêter la naissance de Franz Schubert, il aurait eu 226 ans. Si vous ne savez pas quoi faire un après-midi dans votre chambre, vous pouvez aller écouter une de ses nombreuses compositions. Choisissez la bonne réponse parmi les trois propositions.

1. **À quel âge est mort Franz Schubert ?**
   a. 25 ans
   b. 52 ans
   c. 31 ans
2. **Dans quel pays le compositeur est-il né ?**
   a. Autriche
   b. Allemagne
   c. Hongrie
3. **Franz Schubert est un compositeur emblématique de quelle musique ?**
   a. Musique sacrée
   b. Musique romantique
   c. Musique baroque
4. **Combien d'œuvres a composé Franz Schubert ?**
   a. 521
   b. 862
   c. 1009
5. **Franz Schubert a majoritairement composé…**
   a. Des symphonies
   b. Des opéras
   c. Des lieder
6. **Franz Schubert a écrit beaucoup d'œuvres pour quel instrument ?**
   a. Le piano
   b. Le clavecin
   c. Le violon
7. **Quel autre grand compositeur de l'époque était fan de Franz Schubert ?**
   a. W. A. Mozart
   b. R. Schumann
   c. F. Chopin
8. **Quel autre métier a pratiqué le compositeur ?**
   a. Maître d'école
   b. Pharmacien
   c. Luthier
9. **Franz Schubert a participé à l'enterrement d'un autre compositeur en tant que porteur de torche, lequel ?**
   a. J. Brahms
   b. L. van Beethoven
   c. A. Dvorak
10. **Quelle composition n'est pas de Franz Schubert ?**
    a. *Le Rois des Aulnes*
    b. *La jeune fille et la mort*
    c. *Clair de lune*

COMME LES PETITS !

Ah... les vacances ! On repense à nos châteaux de sable, à nos courses en patins à roulettes et à nos parties de billes.

Comme on est restés des grands enfants, on se laisse aller et on fait semblant d'avoir dix ans !

1. L'incontournable jeu des 7 erreurs

Pour ce voyage dans le temps qui vous ramène en enfance, vous devez utiliser vos talents d'enquêteur pour trouver les 7 erreurs. Sortez la loupe !

2. L'inévitable labyrinthe

Aidez le pirate à retrouver son trésor !

3. À vos crayons de couleur !

N'attendez plus, prenez vos plus beaux crayons et réalisez un joli coloriage… mais sans dépasser, attention !

CAHIER
Vacances

Corrigés

Pages 4 et 5

Page 4
Français
« La nuit, je n'**apercevais** qu'un **petit** morceau du ciel et **quelques** étoiles. Lorsque la lune brillait et qu'elle s'abaissait à l'**occident**, j'en étais **averti** par ses rayons, qui venaient **à** mon lit **au travers** des carreaux losangés de la **fenêtre**. Des chouettes, **voletant** d'une tour à l'autre, passant et repassant entre la lune et moi, **dessinaient** sur mes rideaux l'ombre mobile de **leurs ailes**. **Relégué** dans l'endroit le plus désert, **à** l'ouverture des **galeries**, je ne perdais pas un murmure des **ténèbres**. Quelquefois, le vent semblait **courir** à pas légers ; quelquefois il laissait échapper des **plaintes** ; tout à coup, ma porte était **ébranlée** avec violence, les souterrains poussaient des mugissements, puis **ces** bruits **expiraient** pour recommencer encore. »
Maths
1b, 2b, 3c, 4b, 5c, 6c, 7a, 8c, 9a, 10c.

Page 5
Histoire
1f, 2j, 3h, 4e, 5d, 6a, 7i, 8c, 9g, 10b.
Culture générale
1. Avengers, 2. Cheval de guerre, 3. Comme des frères, 4. The Dark Knight Rises, 5. Dark Shadows, 6. De rouille et d'os, 7. Happiness Therapy, 8. Le Prénom, 9. Men In Black 3, 10. L'Odyssée de Pi, 11. Skyfall, 12. The Hobobbit : Un voyage inattendu.

Pages 6 et 7

Page 6
Littérature
1. *7 ans après…*, Guillaume Musso ; 2. *Le Sermon sur la chute de Rome*, Jérôme Ferrari ; 3. *Un avion sans elle*, Michel Bussi ; 4. *Le Roi n'a pas sommeil*, Cécile Coulon ; 5. *Barbe bleue*, Amélie Nothomb ; 6. *« Oh… »*, Philippe Djian ; 7. *La Vérité sur l'Affaire Harry Quebert*, Joël Dicker ; 8. *Complètement cramé !*, Gilles Legardinier ; 9. *Une place à prendre*, J.K. Rowling ; 10. *Si c'était à refaire*, Marc Levy ; 11. *Notre-Dame du Nil*, Scholastique Mukasonga ; 12. *La liste de mes envies*, Grégoire Delacourt.
Sciences
1a, 2a, 3b, 4b, 5b, 6c, 7b, 8a, 9b, 10a.

Page 7
Géographie
1c, 2a, 3c, 4a, 5a, 6b, 7c, 8c, 9b, 10a.
Culture générale
1a, 2b, 3a, 4c, 5a, 6b, 7c, 8b, 9c, 10b.

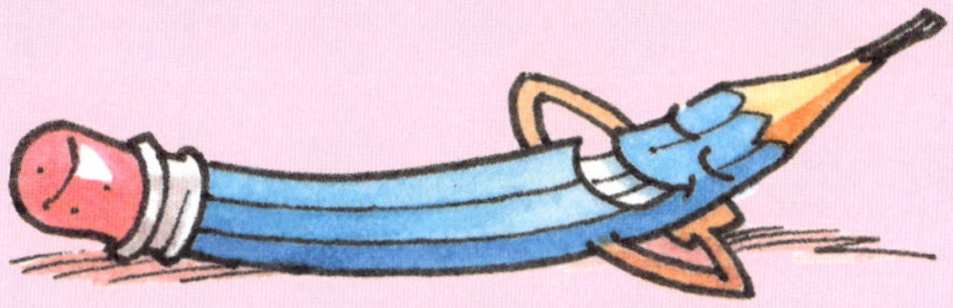

Pages 8 et 9

Bébel forever
1. 1b, 2a, 3a, 4b, 5a, 6b, 7b, 8 a et b, 9b, 10a.
2. « Vous savez quelle différence il y a entre un con et un voleur ? Un voleur, de temps en temps, ça se repose. » *Le Guignolo*, de Georges Lautner (1960) ; « Si vous n'aimez pas la mer, si vous n'aimez pas la montagne, si vous n'aimez pas la ville… allez vous faire foutre ! » *À bout de souffle*, de Jean-Luc Godard (1960) ; « Si la connerie n'est pas remboursée par les assurances sociales, vous finirez sur la paille. » *Un singe en hiver*, d'Henri Verneuil (1962) ; « On partage toujours la merde, jamais le pognon. » *Cent mille dollars au soleil*, d'Henri Verneuil (1964) ; « Je sais bien que t'as pas buté l'autre imbécile ! Mais t'en as fait flinguer d'autres ! Si on rajoute à ça le racket, la drogue, les putes, ça fait une jolie carrière quand même ! Les vingt ans que tu vas prendre, c'est un peu la médaille du travail qu'on va te remettre. » *Flic ou voyou*, de Georges Lautner (1979) ; « Le meilleur moyen de faire croire que tu connais tout, c'est de ne jamais avoir l'air étonné. Parce que toi, tu as souvent l'air étonné, c'est un défaut (...) C'est étonnant mais ça doit pas t'étonner. » *Itinéraire d'un enfant gâté*, de Claude Lelouch (1988).

3. 1. *Les Copains du dimanche*, de Henri Aisner : 1957 ; 2. *Léon Morin, prêtre*, de Jean-Pierre Melville : 1961 ; 3. *Cartouche*, de Philippe de Broca : 1962 ; 4. *L'Homme de Rio*, de Philippe de Broca : 1964 ; 5. *Pierrot le Fou*, de Jean-Luc Godard : 1965 ; 6. *La Sirène*, du Missisipi de François Truffaut : 1969 ; 7. *Le Magnifique*, de Philippe de Broca : 1973 ; 8. *Peur sur la ville*, d'Henri Verneuil : 1975 ; 9. *Le Professionnel*, de Georges Lautner : 1981 ; 10. *Un homme et son chien*, de Francis Huster : 2008.
4. 1. *À bout de souffle*, 2. *Cartouche*, 3. *Cent mille dollars au soleil*, 4. *Flic ou Voyou*, 5. *L'As des as*, 6. *L'Homme de Rio*, 7. *La Sirène du Missisipi*, 8. *Le Cerveau*, 9. *Le Marginal*, 10. *Le Professionnel*, 11. *Pierrot le Fou*, 12. *Un Singe en hiver.*

Pages 10 et 11

Page 10
Français
1G, 2L, 3H, 4I, 5K, 6C, 7D, 8J, 9F, 10A, 11E, 12B.
Maths
a. −50 ÷ (−10) = 5
b. −9 + (−5) = −14
c. 4 × (−7)= −28
d. −7 × 4= −28
e. −12÷(−6)= 2
f. 72 ÷ 9 = 8
g. 56 ÷ 8 = 7
h. −48 ÷ 8= −6
i. −16 − (−6) = −10
j. −6 +(−5) = −11
k. 9 × (−7) = −63
l. −72 ÷ (−8) = 9
m. 54 ÷ (−6) = −9
n. 7 × (−7) = −49
o. −32 ÷ 4 = −8

Page 11
Histoire
1c, 2c, 3c, 4a, 5b, 6b, 7b, 8b, 9c, 10c.
Culture générale
1. Vrai, 2. Faux, 3. Faux, 4. Vrai, 5. Vrai, 6. Vrai, 7. Faux, 8. Faux, 9. Faux, 10. Vrai.

Pages 12 et 13

Page 12
Littérature
1b, 2a, 3c, 4b, 5a, 6c, 7a, 8b, 9b, 10c.
Sciences
1b, 2c, 3a, 4b, 5a, 6c, 7a, 8b, 9b, 10c.

Page 13
Géographie
1. Bangladesh, 2. Azerbaïdjan, 3. Indonésie, 4. Iran, 5. Kazakhstan, 6. Laos, 7. Mongolie, 8. Ouzbékistan, 9. Pakistan, 10. Philippines, 11. Taïwan, 12. Yemen
Culture générale
1b, 2b, 3b, 4a, 5c, 6a, 7c, 8a, 9c, 10b.

Pages 14 et 15

Jeux de lettres
1. aviser, braise, bramer, braver, climat, cliver, créole, crever, mâtine, mérite, narine, narval, primer, priser, priver, serval, valise, valser, vérité, verser…

2. Gobeurs : Bourges ; Ciné : Nice ; Prisa : Paris ; Miser : Reims ; Acné : Caen ; Néants : Nantes ; Scanne : Cannes ; Remailles : Marseille ; Englober : Grenoble ; Ganser : Angers.

3. a. 7 lettres : parodie, recopia, aérobic, picarde. 6 lettres : rapide, déroba, diacre, copier, jobard. 5 lettres : cadre, cidre, carpe, boire, obéir, radio.
b. 6 lettres : trépas, galets, valser, pastel. 5 lettres : grave, gaver, alpes, après, faste. 4 lettres : vert, lave, rage, star, vase, égal.
c. 6 lettres : bouger, bougre, gobeur, rouage. 5 lettres : rouge, orgue, proue, purge, opéra. 4 lettres : ogre, rage, roue, euro, gare, beau.

4. coller, couche, coudre, couler, couper, couple, diesel, gendre, gentil, mouche, moudre, mouler, perche, perdre, permis, souche, souper, souple, torche, tordre…

Pages 16 et 17

Page 16
Français
Une opinion, avoir affaire à, milieu, moufle, imbécillité, nourrir, un entracte, sabbatique, vraisemblable, rabat-joie, des garde-fous, hache, vouvoiement, pachyderme, filigrane, nénuphar, suffisamment, joaillier, pourrir, un satyre.
Maths
Les périmètres :
p = 4 x c => carré
p = $c_1 + c_2 + c_3$ => triangle
p = 2 x (L + l) => rectangle
p = 2 x ϖ x R => disque
Les aires :
A = b x h => parallélogramme
A = ϖ x R^2 => disque
A = c^2 => carré
A = L x l => rectangle
Les volumes :
V = ϖ x R2 x h => cylindre
V = c3 = cube
V = L x l x h => parallélépipède
V = 4/3 x ϖ x R^3 => boule

Page 17
Histoire
1a, 2c, 3c, 4b, 5c, 6a, 7a, 8c, 9c, 10b.
Culture générale
1a, 2c, 3b, 4a, 5a, 6b, 7a, 8c, 9c, 10b.

Pages 18 et 19

Page 18
Littérature
1. Ariane : *Belle du Seigneur* ; 2. Phileas Fogg : *Le Tour du monde en quatre-vingts jours* ; 3. Colin : *L'Écume des jours* ; 4. Homais : *Madame Bovary* ; 5. Eugène de Rastignac : *Le Père Goriot* ; 6. Agnès : *L'École des femmes* ; 7. Frédéric Moreau : *L'Éducation sentimentale* ; 8. Louise de Rênal : *Le Rouge et le Noir* ; 9. Gwynplaine : *L'Homme qui rit* ; 10. Chimène : *Le Cid* ; 11. Harpagon : *L'Avare* ; 12. Le duc de Nemours : *La Princesse de Clèves* ; 13. Étienne Lantier : *Germinal* ; 14. Laurent : *Thérèse Raquin* ; 15. Meursault : *L'Étranger*.
Sciences
1b, 2a, 3c, 4a, 5c, 6b, 7b, 8a, 9c, 10c.

Page 19
Géographie
A. Amsterdam : 6 ; B. Athènes : 8 ; C. Canberra : 5 ; D. Dakar : 1 ; E. Hanoï : 3 ; F. La Havane : 7 ; G. Ottawa : 9 ; H. Séoul : 4 ; I. Stockholm : 2
Culture générale
1c, 2a, 3c, 4a, 5b, 6b, 7a, 8c, 9b, 10a.

Pages 20 et 21

Les femmes dans l'histoire n°1
1. Annette Kelerman : 1a, 2a, 3b, 4b, 5a, 6a, 7a, 8b.
2. Joséphine Baker : 1b, 2b, 3a, 4b, 5b, 6a, 7a, 8b.
3. Margaret Ann Bulkley : 1a, 2b, 3b, 4a, 5b, 6a, 7a, 8b.
4. Olympe de Gouge : 1a, 2b, 3a, 4a, 5 b, 6a, 7a, 8b.

Pages 22 et 23

Page 22
Français
1. Se faire brasser le Canadien : passer un mauvais quart d'heure ; 2. Avoir un pain au four : être enceinte ; 3. Passer la nuit sur la corde à linge : avoir un sommeil agité ; 4. Chauffer le char : conduire une voiture ; 5. Fou comme un balai : être content ; 6. Pas de chicane dans ma cabane : pas de dispute ; 7. Se pogner le beigne : perdre son temps ; 8. On se calme le pompon : garder la tête froide ; 9. Avoir la chienne : avoir peur ; 10. Niaise pas avec la puck : ne pas tourner autour du pot ; 11. Parler à travers son chapeau : parler à tort et à travers ; 12. Faire du train : faire du vacarme ; 13. Être assis sur son steak : être paresseux ; 14. Se faire passer un sapin : se faire avoir ; 15. Être en beau fusil : être très fâché.
Maths
• 1 h 45 min = (1 + 45/60) h = 105/60 h = 1,75 h.
145/1,75 = 82, 85.
Captain America a couru à la vitesse moyenne de 82,85 km/h
• 1 h 45 min = (1 x 3600 + 45 x 60) s = 6300 s.
145 km = 145000 m ; 145000/6300 = 23.
Captain America a couru à la vitesse moyenne de 23m/s.

Page 23
Histoire
1c, 2a, 3c, 4a, 5c, 6a, 7c, 8a, 9a, 10c.
Culture générale
1. Vrai, 2. Vrai, 3. Faux, 4. Faux, 5. Faux, 6. Vrai, 7. Vrai, 8. Faux, 9. Vrai, 10. Vrai.

Pages 24 et 25

Page 24
Littérature
1. c ; 2. b ; 3. c ; 4. a ; 5. c ; 6. b ; 7. c ; 8. a ; 9. b
Sciences
1b, 2a, 3a, 4b, 5c, 6b, 7c, 8a, 9a, 10c.

Page 25
Géographie
1a, 2b, 3a, 4c, 5b, 6a, 7a, 8a, 9c, 10a.
Culture générale
1.Caïpirinha, 2. Piña Colada, 3. Spritz, 4. Margarita, 5. Cuba Libre, 6. Mojito, 7. Cosmopolitan, 8. Bloody Mary, 9. Citronnade, c'est l'intrus : car sans l'alcool, la fête est plus folle !

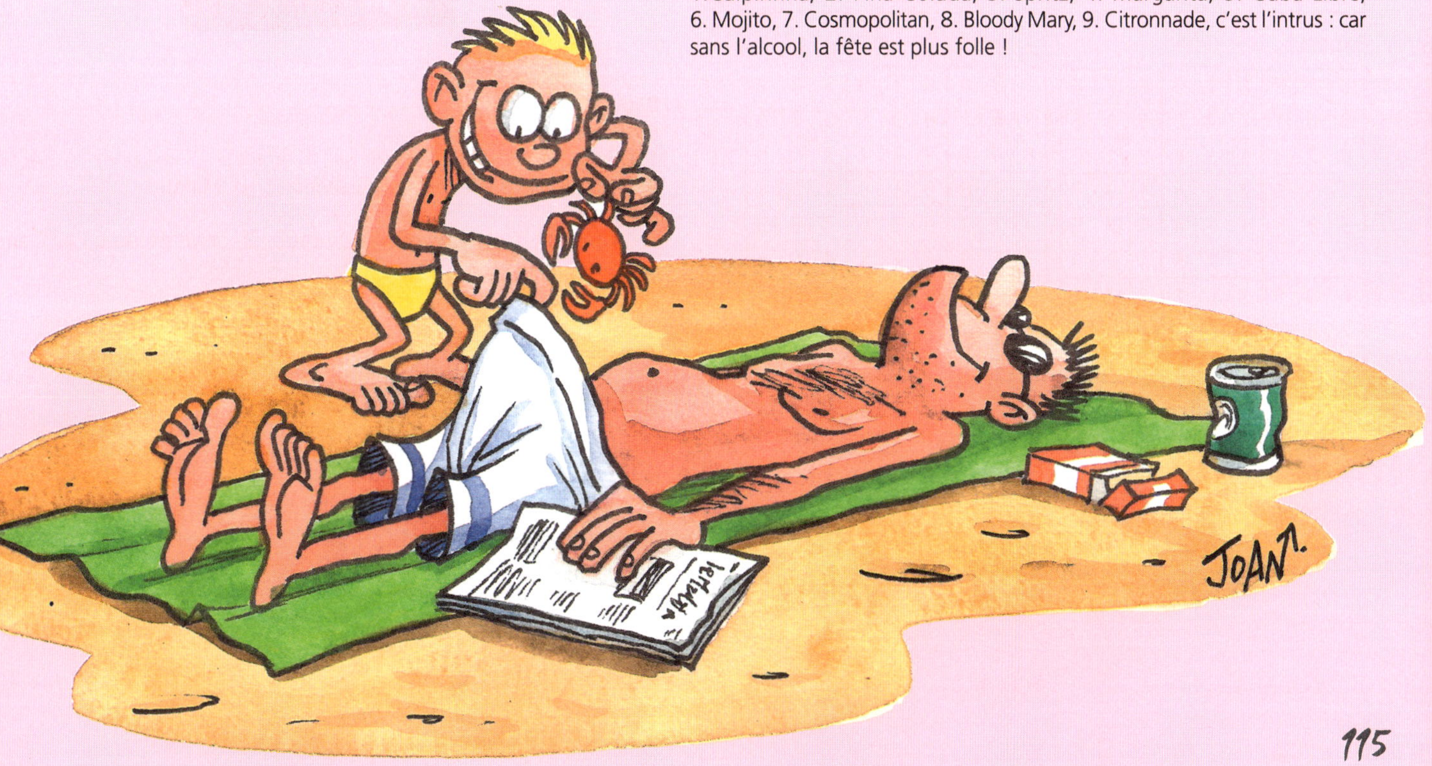

Pages 26 et 27

Sudoku n°1

Facile A

5	3	1	9	8	7	6	4	2
7	8	4	2	3	6	5	9	1
9	2	6	4	1	5	3	8	7
8	1	7	6	5	9	2	3	4
2	5	3	1	7	4	9	6	8
4	6	9	3	2	8	7	1	5
6	9	8	5	4	2	1	7	3
1	4	5	7	6	3	8	2	9
3	7	2	8	9	1	4	5	6

Facile B

2	1	8	7	5	9	4	3	6
3	6	5	4	1	2	9	7	8
9	4	7	8	3	6	1	2	5
8	3	1	6	2	7	5	9	4
6	2	4	9	8	5	7	1	3
5	7	9	3	4	1	6	8	2
4	9	6	2	7	8	3	5	1
7	5	2	1	6	3	8	4	9
1	8	3	5	9	4	2	6	7

Moyen C

6	9	1	5	7	3	4	2	8
3	7	2	9	4	8	6	1	5
4	8	5	1	2	6	9	7	3
9	5	8	2	6	4	7	3	1
7	2	4	3	5	1	8	6	9
1	3	6	8	9	7	5	4	2
5	4	9	6	3	2	1	8	7
8	6	3	7	1	5	2	9	4
2	1	7	4	8	9	3	5	6

Moyen D

3	1	9	6	5	7	8	2	4
5	8	4	2	9	1	3	7	6
6	2	7	3	4	8	5	9	1
1	3	6	9	7	2	4	5	8
9	4	8	5	1	6	2	3	7
2	7	5	4	8	3	1	6	9
8	9	1	7	3	5	6	4	2
7	5	2	1	6	4	9	8	3
4	6	3	8	2	9	7	1	5

Difficile E

9	1	2	7	8	5	3	4	6
6	4	7	1	9	3	5	2	8
5	8	3	2	6	4	1	7	9
8	3	4	9	5	7	6	1	2
2	6	1	4	3	8	9	5	7
7	5	9	6	1	2	8	3	4
4	9	6	3	7	1	2	8	5
1	2	8	5	4	6	7	9	3
3	7	5	8	2	9	4	6	1

Difficile F

9	2	4	6	5	1	7	3	8
1	3	5	7	4	8	6	2	9
7	6	8	9	2	3	1	5	4
2	1	3	8	7	9	4	6	5
4	9	7	2	6	5	8	1	3
5	8	6	3	1	4	2	9	7
8	7	1	5	9	2	3	4	6
3	5	2	4	8	6	9	7	1
6	4	9	1	3	7	5	8	2

Expert G

5	2	3	8	1	9	6	7	4
8	6	1	7	4	2	9	3	5
9	7	4	5	3	6	8	1	2
4	5	6	2	8	3	1	9	7
3	8	9	1	7	4	5	2	6
2	1	7	6	9	5	4	8	3
6	9	5	3	2	8	7	4	1
7	4	2	9	5	1	3	6	8
1	3	8	4	6	7	2	5	9

Expert H

7	3	4	6	1	9	5	8	2
2	6	1	8	3	5	9	7	4
8	9	5	7	2	4	3	1	6
6	7	8	5	4	3	2	9	1
4	1	2	9	8	6	7	3	5
3	5	9	2	7	1	4	6	8
1	2	6	3	5	7	8	4	9
5	4	7	1	9	8	6	2	3
9	8	3	4	6	2	1	5	7

Pages 28 et 29

Page 28
Français
Tout, accro, tous, ver, coup, l'ancre, amende, cane, grâce, lacer, dense, chœur, prêt, cauchemar, compte, vair, chère, bayé, cote, galon.
Maths
a. $100 = 10^2$; b. $100\,000 = 10^5$; c. $25\,000 = 2{,}5 \times 10^4$; d. $300\,000 = 3 \times 10^5$; e. $7\,700\,000 = 7{,}7 \times 10^6$; f. $404\,000\,000 = 4{,}04 \times 10^8$; g. $0{,}001 = 10^{-3}$; h. $0{,}000\,000\,001 = 10^{-9}$; i. $0{,}0013 = 1{,}3 \times 10^{-3}$; j. $15\,000\,000 \times 30\,000 = 4{,}5 \times 10^{11}$.

Page 29
Histoire
1a, 2c, 3a, 4c, 5c, 6b, 7a, 8c, 9a, 10a.
Culture générale
1. Faux, 2. Faux, 3. Vrai, 4. Faux, 5. Vrai, 6. Vrai, 7. Vrai, 8. Vrai, 9. Vrai, 10. Vrai.

Pages 30 et 31

Page 30
Littérature
1. *Il est grand temps de rallumer les étoiles* ; 2. *Hamnet* ; 3. *Trois* ; 4. *Intuitio* ; 5. *Les Monstres* ; 6. *Tu verras, les âmes se retrouvent toujours quelque part* ; 7. *Holiday* ; 8. *Kilomètre zéro* ; 9. *Malgré nous…* ; 10. *Dévorer le ciel* ; 11. *Le poids des secrets, tome 5 : Hotaru* ; 12. *L'Évangile des anguilles*
Sciences
1a, 2c, 3b, 4c, 5a, 6c, 7b, 8c, 9b, 10c.

Page 31
Géographie
1b, 2b, 3a, 4b, 5a, 6b, 7a, 8b, 9a, 10a.
Culture générale
1b, 2c, 3a, 4b, 5a, 6a, 7c, 8b, 9c, 10c.

Pages 34 et 35

Page 34
Français
1. Grenouille ; 2. taille ; 3. envieuse ; 4. grosseur ; 5. regardez ; 6. pécore ; 7. plein ; 8. Seigneurs ; 9. Ambassadeurs ; 10. Marquis.
Maths
1. La géométrie euclidienne ; 2. Un carré ; 3. Un angle obtu ; 4. Triangle équilatéral ; 5. 9 ; 6. 20 cm ; 7. 25 cm² ; 8. 125 cm³.

Page 35
Histoire
1a, 2a, 3a, 4b, 5b, 6b, 7a, 8a, 9b, 10b.
Culture générale
1. Vrai, 2. Vrai, 3. Faux, 4. Vrai, 5. Faux, 6. Vrai, 7. Faux, 8. Vrai, 9. Vrai, 10. Faux.

Pages 36 et 37

Page 36
Littérature
Les Écureuils de Central Park sont tristes le lundi, Katherine Pancol ; *Mille soleils splendides*, Khaled Hosseini ; *Vingt Mille Lieues sous les mers*, Jules Verne ; *Le Comte de Monte-Cristo*, Alexandre Dumas ; *Les Raisins de la colère*, John Steinbeck ; *Pour qui sonne le glas*, Ernest Hemingway ; *Le cœur est un chasseur solitaire*, Carson McCullers ; *Rien ne s'oppose à la nuit*, Delphine de Vigan ; *La Gloire de mon père*, Marcel Pagnol ; *La Promesse de l'aube*, Romain Gary ; *Ce que le jour doit à la nuit*, Yasmina Khadra ; *J'irai cracher sur vos tombes*, Boris Vian ; *Les Nourritures terrestres*, André Gide ; *Le Lys dans la vallée*, Honoré de Balzac ; *Au Bonheur des Dames*, Émile Zola ; *Au revoir là-haut*, Pierre Lemaitre ; *La Carte et le Territoire*, Michel Houellebecq ; *Orgueil et Préjugés*, Jane Austen ; *La Couleur des sentiments*, Kathryn Stockett ; *La Servante écarlate*, Margaret Atwood
Sciences
1b, 2a, 3b, 4b, 5a, 6c, 7a, 8c, 9c, 10c.

Page 37
Géographie
1. Argentine, 2. Bolivie, 3. Brésil, 4. Équateur, 5. Venezuela, 6. Suriname, 7. Uruguay, 8. Pérou, 9. Paraguay, 10. Guyana, 11. Guyane Française, 12. Chili
Culture générale
1i, 2h, 3e, 4j, 5a, 6g, 7f, 8d, 9b, 10c.

Pages 38 et 39

Plage sportive
1. Beach volley : 1b, 2a, 3b, 4a, 5a, 6a, 7a, 8a.
2. Ski nautique : 1a, 2b, 3b, 4a, 5b, 6b, 7a, 8b.
3. Planche à voile : 1a, 2b, 3a, 4b, 5a, 6a, 7b, 8a.
4. Surf : 1b, 2a, 3a, 4b, 5b, 6a, 7a, 8a.

Pages 40 et 41

Page 40
Français
1. Impératif présent, futur simple ; 2. Passé simple ; 3. Impératif présent, présent de l'indicatif, subjonctif présent ; 4. Passé antérieur, passé simple ; 5. Conditionnel passé ; 6. Plus-que-parfait, conditionnel passé ; 7. Imparfait ; 8. Participe présent, passé simple ; 9. Passé composé ; 10. Présent de l'indicatif.
Maths

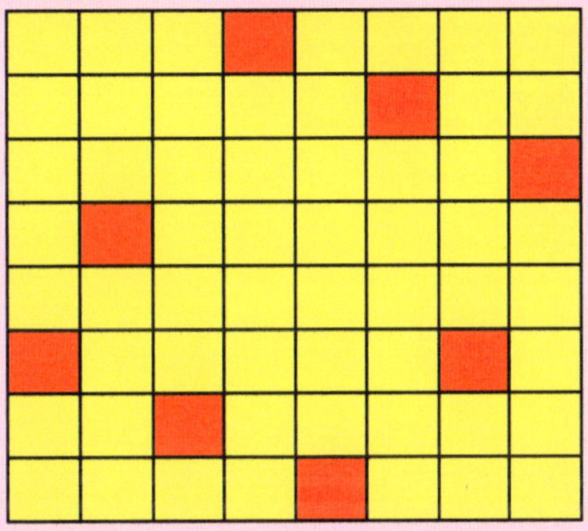

Page 41
Histoire
1a, 2c, 3c, 4a, 5a, 6a, 7c, 8b, 9c, 10c.
Culture générale
1c, 2a, 3c, 4a, 5b, 6b, 7c, 8b, 9b, 10c.

Pages 42 et 43

Page 42
Littérature
1. Grand prix du roman de l'Académie française, François-Henri Désérable, *Mon maître et mon vainqueur* ; 2. Prix Femina, Clara Dupont-Monod, *S'adapter* ; 3. Prix Goncourt, Mohamed Mbougar Sarr, *La Plus Secrète Mémoire des hommes* ; 4. Prix Goncourt des lycéens, Clara Dupont-Monod, *S'adapter* ; 5. Prix Interallié, Mathieu Palain, *Ne t'arrête pas de courir* ; 6. Prix Médicis, Christine Angot, *Le Voyage dans l'Est* ; 7. Prix Renaudot, Amélie Nothomb, *Premier sang* ; 8. Prix de Flore, Abel Quentin, *Le Voyant d'Étampes* ; 9. Prix Décembre, Xavier Galmiche, *Le Poulailler métaphysique* ; 10. Prix du premier roman français, Maud Ventura, *Mon mari*.
Sciences
1a, 2c, 3c, 4c, 5a, 6c, 7b, 8a, 9c, 10c.

Page 43
Géographie
1h, 2l, 3f, 4i, 5k, 6c, 7j, 8a, 9d, 10g, 11e, 12b.
Culture générale
1b, 2a, 3c, 4b, 5c, 6a, 7c, 8b, 9a, 10a.

Pages 44 et 45

Jeux de lettres
1. botter, bottin, coulis, coûter, fretin, gourer, gourou, gousse, goûter, lister, piètre, presse, preste, prêter, prêtre, rouget, rouste, terrer, tinter, tresse…
2. Vandale : Lavande ; Tipule : Tulipe ; Antihéros : Hortensia ; Abréger : Gerbera ; Voilette : Violette ; Drainage : Gardénia ; Oser : Rose ; Tenge : Genêt ; Souleront : Tournesol ; Action : Aconit.
3. a. 8 lettres : potagers, outrages, rouspéta, goûteras. 7 lettres : skateur, groupes, pasteur, posture, opteras. 6 lettres : pokers, potage, groupe, poster, poteau, ragoût.
b. 7 lettres : fagoter, forgeât, portage, potager. 6 lettres : graphe, gobera, apôtre, optera, orgeat. 5 lettres : harpe, forge, phare, forêt, taper, orage.
c. 7 lettres : prohibé, plomber, implore, nombril. 6 lettres : phobie, emploi, menhir, prénom, binôme. 5 lettres : noble, plomb, poire, norme, obéir, prime.
4. bouche, boulet, bourde, bouton, brebis, brevet, chevet, flèche, letton, lettre, louche, lourde, loutre, marbre, marche, moudre, moulin, tondre, trèfle, triche…

Pages 46 et 47

Page 46
Français
Demain, dès l'aube… : Demain, **dès** l'aube, **à** l'heure **où blanchit** la campagne, / Je **partirai**. Vois-tu, je sais que tu **m'attends**. / J'irai par la **forêt**, j'irai par la montagne. / Je ne puis **demeurer** loin de toi plus longtemps. / Je **marcherai** les yeux **fixés** sur mes pensées, / Sans rien voir **au** dehors, sans entendre aucun **bruit**, / Seul, inconnu, le dos courbé, les mains **croisées**, / Triste, **et** le jour pour moi sera comme la nuit. / Je ne **regarderai** ni l'or du soir qui tombe, / Ni les voiles au loin descendant **vers** Harfleur, / Et quand **j'arriverai**, je mettrai sur ta tombe / Un bouquet de **houx vert** et de **bruyère** en **fleur**.
Maths
a. Sois x le nombre d'années pour que Kevin atteigne l'espérance de vie de son pays.
$43 + x = 78 + x/6$
On trouve $x = 42$.
Simon aura alors $43 + 42 = 85$ ans.
b. Soit x le nombre de lapins et y le nombre de poules.
Il y a 128 têtes, donc : $x + y = 128$, soit $x = 128 - y$.
Chaque lapin possède 4 pattes et chaque poule possède 2 pattes.
Ainsi il y a en tout $4x + 2y$ pattes, donc : $4x + 2y = 438$
En remplaçant $x = 128 - y$ dans cette nouvelle équation, on obtient :
$4(128 - y) + 2y = 438$, soit :
$512 - 4y + 2y = 438$
$-2y = 438 - 512$
$-2y = -74$
$y = -74/-2 = 37$.
Dans la cour, il y a donc 37 poules.

Page 47
Histoire
1a, 2a, 3b, 4a, 5b, 6a, 7b, 8b, 9b, 10b.
Culture générale
1. Vrai, 2. Vrai, 3. Faux, 4. Faux,
5. Faux, 6. Vrai, 7. Vrai, 8. Vrai,
9. Faux, 10. Vrai.

Pages 48 et 49

Page 48
Littérature
1c, 2b, 3c, 4b, 5a, 6c, 7b, 8a, 9c.
Sciences
1b, 2c, 3a, 4b, 5c, 6a, 7a, 8c, 9b, 10b.

Page 49
Géographie
1. 4 810 m ; 2. La Loire, le Rhône, La Seine et la Garonne ; 3. Le Rhin ; 4. La Guadeloupe, la Guyane, la Martinique, La Réunion et Mayotte ; 5. Plus de 67 millions ; 6. Le puy de Sancy (1 885 m) ; 7. En Ille-et-Vilaine ; 8. La Haute-Savoie ; 9. 36 000 ; 10. Plus de 600 000 km^2.
Culture générale
1c, 2a, 3c, 4c, 5b, 6b, 6a, 7a, 9b, 10c.

Pages 52 et 53

Page 52
Français
1D, 2L, 3H, 4J, 5C, 6K, 7E, 8I, 9F, 10G, 11A, 12B.
Maths
1. 7 slips rouges parmi 28 slips ; 7/28 X 100 = 25. Soit 25 % de slips rouges.
2. 22 slips rouges parmi 48 slips ; 22/48 x 100 = 45,8. Soit 45,8 % de slip rouges.

Page 53
Histoire
1a, 2b, 3b, 4b, 5a, 6b, 7a, 8a, 9a, 10a.
Culutre générale
1. Ben Affleck, 2. Cameron Diaz, 3. Chiara Mastroianni, 4. Garou, 5. Gilles Lellouche, 6. Guillaume Galienne, 7. Jean Dujardin, 8. Jude Law, 9. Julie Gaillet, 10. Léa Drucker, 11. Vanessa Paradis, 12. Zinedine Zidane.

Pages 54 et 55

Page 54
Littérature
1c, 2c, 3a, 4b, 5c, 6a, 7a, 8c, 9b, 10b.
Sciences
1c, 2b, 3a, 4a, 5c, 6b, 7c, 8a, 9a, 10c.

Page 55
Géographie
1a, 2c, 3c, 4b, 5c, 6b, 7a, 8b, 9a, 10c.
Culture générale
1c, 2h, 3k, 4g, 5l, 6e, 7a, 8b, 9d, 10j, 11i, 12f.

Pages 56 et 59

La musique dans la peau
1. 1d, 2e, 3i, 4a, 5b, 6j, 7h, 8g, 9c, 10f.
2. 1a, 2b, 3a, 4a, 5b, 6a, 7a, 8b.
3. 1e, 2h, 3i, 4c, 5a, 6j, 7f, 8b, 9g, 10d.
4. 1d, 2g, 3e, 4a, 5c, 6h, 7b, 8f.

Pages 58 et 59

Page 58

Français

Était, avait, dressait, poussait, avaient été, flottaient, présentaient, avait été, débutait, avait, apporta, fit.

Maths

3	1	4
5	8	2
7	6	9

Page 59

Histoire

1i, 2h, 3g, 4j, 5f, 6e, 7c, 8b, 9a, 10d.

Culture générale

1a, 2c, 3a, 4c, 5b, 6b, 7c, 8a, 9a, 10b.

Pages 60 et 61

Page 60

Littérature

1. *Ciao Bianca* ; 2. *Harry Potter à l'école des sorciers* ; 3. *La servante écarlate* ; 4. *La vie est un roman* ; 5. *Lazy Bird* ; 6. *Le Seigneur des Anneaux* ; 7. *Le théorème des Katherine* ; 8. *Les Passagers* ; 9. *Les Promises* ; 10. *Les yeux rouges* ; 11. *Méfiez-vous des enfants sages* ; 12. *Une fille comme elle*

Sciences

1a, 2c, 3a, 4b, 5c, 6b, 7a, 8b, 9b, 10a.

Page 61

Géographie

1c, 2a, 3a, 4a, 5c, 6a, 7a, 8b, 9b, 10c.

Culture générale

1b, 2a, 3a, 4c, 5b, 6c, 7b, 8a, 9a, 10b.

Pages 62 et 63

Sudoku n°2

Facile A

9	5	2	6	4	8	3	7	1
3	6	1	5	7	9	2	4	8
7	8	4	2	1	3	5	6	9
1	4	9	3	5	7	6	8	2
6	7	8	9	2	1	4	5	3
2	3	5	8	6	4	1	9	7
8	1	7	4	3	5	9	2	6
5	2	3	7	9	6	8	1	4
4	9	6	1	8	2	7	3	5

Facile B

4	9	8	1	6	7	3	5	2
3	1	6	2	4	5	8	7	9
5	7	2	9	3	8	1	6	4
8	6	9	4	5	2	7	1	3
1	2	3	6	7	9	4	8	5
7	5	4	3	8	1	2	9	6
6	3	5	7	1	4	9	2	8
2	4	7	8	9	6	5	3	1
9	8	1	5	2	3	6	4	7

Moyen C

1	8	9	4	5	2	6	3	7
3	4	7	1	8	6	9	2	5
2	5	6	7	9	3	8	1	4
4	6	5	8	3	1	2	7	9
8	2	1	9	7	4	5	6	3
7	9	3	2	6	5	4	8	1
9	1	4	3	2	8	7	5	6
6	3	2	5	4	7	1	9	8
5	7	8	6	1	9	3	4	2

Moyen D

8	9	4	1	6	7	2	3	5
5	2	6	9	8	3	4	1	7
1	3	7	5	4	2	9	6	8
3	6	2	7	9	4	5	8	1
9	7	8	2	1	5	6	4	3
4	5	1	6	3	8	7	2	9
7	1	5	8	2	6	3	9	4
2	8	3	4	5	9	1	7	6
6	4	9	3	7	1	8	5	2

Difficile E

8	5	9	1	6	7	3	4	2
7	4	3	9	2	8	5	1	6
6	2	1	3	5	4	8	7	9
4	6	2	7	8	1	9	5	3
5	3	7	4	9	6	1	2	8
9	1	8	2	3	5	4	6	7
3	7	4	8	1	2	6	9	5
1	8	6	5	7	9	2	3	4
2	9	5	6	4	3	7	8	1

DifficileF

5	7	6	2	8	3	4	9	1
2	4	3	1	9	7	8	6	5
9	8	1	4	6	5	2	7	3
1	5	9	8	3	6	7	4	2
7	3	2	9	4	1	5	8	6
4	6	8	7	5	2	3	1	9
3	1	5	6	7	8	9	2	4
6	9	7	3	2	4	1	5	8
8	2	4	5	1	9	6	3	7

Expert G

4	3	7	9	2	5	6	8	1
2	1	8	4	6	3	7	5	9
6	9	5	7	1	8	2	4	3
8	2	4	3	5	7	9	1	6
9	5	6	2	4	1	3	7	8
3	7	1	6	8	9	4	2	5
7	8	9	5	3	2	1	6	4
5	6	2	1	9	4	8	3	7
1	4	3	8	7	6	5	9	2

Expert H

5	9	4	8	1	6	7	3	2
2	8	3	7	5	4	6	1	9
1	6	7	9	3	2	5	8	4
8	5	1	3	2	7	9	4	6
7	3	9	4	6	1	2	5	8
6	4	2	5	9	8	3	7	1
3	1	6	2	8	5	4	9	7
9	7	8	6	4	3	1	2	5
4	2	5	1	7	9	8	6	3

Pages 64 et 65

Page 64
Français
Taire : je tus, tu tus, il/elle tut, nous tûmes, vous tûtes, ils/elles turent. **Suivre :** je suivis, tu suivis, il/elle suivit, nous suivîmes, vous suivîtes, ils/elles suivirent. **Craindre :** je craignis, tu craignis, il/elle craignit, nous craignîmes, vous craignîtes, ils/elles craignirent. **Boire :** je bus, tu bus, il/elle but, nous bûmes, vous bûtes, ils/elles burent. **Bouillonner :** je bouillonnai, tu bouillonnas, il/elle bouillonna, nous bouillonnâmes, vous bouillonnâtes, ils/elles bouillonnèrent. **Rire :** je ris, tu ris, il/elle rit, nous rîmes, vous rîtes, ils/elles rirent.
Maths
1789 - 1515 = 274 ; 1914 + 1939 = 3853 ; 1942 - 1918 = 24 ; 1431 - 1095 = 336 ; 1492 + 476 = 1968 ; 2008 - 1980 = 28

Page 65
Histoire
1a, 2b, 3b, 4a, 5c, 6b, 7c, 8a, 9b, 10b.
Culture générale
1. Vrai, 2. Faux, 3. Vrai, 4. Vrai, 5. Faux, 6. Vrai, 7. Vrai, 8. Vrai, 9 Faux, 10. Faux.

Pages 66 et 67

Page 66
Littérature
1H, 2F, 3E, 4J, 5D, 6I, 7A, 8B, 9G, 10C.
Sciences
1c, 2c, 3a, 4c, 5c, 6a, 7c, 8a, 9b, 10c.

Page 67
Géographie
1b, 2b, 3a, 4b, 5a, 6b, 7b, 8a, 9a, 10a.
Culture générale
1b, 2a, 3c, 4b, 5a, 6b, 7b, 8a, 9a, 10b.

Pages 68 et 69

Jeux de lettres
1. canope, carcan, carnet, carrer, cerner, certes, épurer, opérer, raison, saucer, sauter, sonder, sonner, sonnet, terrer, tesson, tester, vanner, vanter, volcan…
2. Talochee : Échalote ; Oripeau : Poireau ; Présage : Asperge ; Bricolo : Brocoli ; Diras : Radis ; Vante : Navet ; Devine : Endive ; Cottera : Carotte ; Liteau : Laitue ; Peindra : Épinard.
3. a. 7 lettres : bafouer, fabuler, éprouva, foulera. 6 lettres : faveur, bavure, vapeur, parole, fourbe. 5 lettres : fauve, brave, fléau, fleur, opéra, louer.
b. 6 lettres : toiser, sirote, érosif, agiter. 5 lettres : forge, frigo, trois, ortie, aigre. 4 lettres : site, soie, sort, tire, agir, fort.
c. 7 lettres : marquer, thermal, traquer, malheur. 6 lettres : quatre, hurler, marque, armure, rature. 5 lettres : laque, quart, rhume, rural, autre, mural.
4. brimer, brique, broche, broder, chèque, cliché, clique, évêque, flèche, flétri, manche, mander, manque, mantra, souche, souder, tarder, tramer, traque, triche…

Pages 70 et 71

Page 70
Français
Dansait : imparfait ; **pensant** : participe présent ; **partit** : passé simple ; **dormait** : imparfait ; **s'amusaient** : imparfait ; **jeta** : passé simple ; **voulut** : passé simple ; **être** : présent de l'indicatif ; **attends** : impératif présent ; **vas** : présent de l'indicatif ; **descendait** : imparfait ; **furent** : passé simple ; **mirent** : passé simple ; **criant** : participe présent ; **voyaient** : imparfait.
Maths
I y a 10 possibilités pour le premier chiffre, puis pour chacune de ces 10 possibilités, on a encore 10 pour le deuxième chiffre, soit 10x10 = 102 = 100 combinaisons pour les 2 premiers chiffres.
Pour chacune de ces 100 possibilités, on a encore 10 pour troisième chiffre, soit 103 possibilités pour les 3 premiers chiffres. Et ainsi de suite… Il existe donc 105 possibilités pour le code de Louis-Auguste. S'il veut être à l'heure à son rendez-vous, mieux vaut qu'il y aille en slip de bain !

Page 71
Histoire
1b, 2b, 3c, 4c, 5a, 6a, 7b, 8a, 9c, 10a.
Culture générale
1. Vrai, 2. Vrai, 3. Faux, 4. Vrai, 5. Faux, 6. Faux, 7. Vrai, 8. Vrai, 9. Faux, 10. Vrai.

Pages 72 et 73

Page 72
Littérature
1a, 2b, 3c, 4c, 5a, 6b, 7c, 8b, 9c, 10a.
Sciences
1a, 2c, 3b, 4c, 5c, 6b, 7a, 8a, 9a, 10c.

Page 73
Géographie
1a, 2a, 3c, 4c, 5b, 6c, 7a, 8c, 9a, 10a.
Culture générale
1. Vrai, 2. Faux, 3. Faux, 4. Faux, 5. Vrai, 6. Faux, 7. Vrai, 8. Vrai, 9. Vrai, 10. Faux.

Pages 74 et 75

Les femmes de l'histoire n°2
1. Margaret Keane : 1a, 2b, 3a, 4b, 5a, 6a, 7a, 8a.
2. Geneviève de Gaulle : 1a, 2a, 3b, 4a, 5a, 6b, 7b, 8b.
3. Frida Kahlo : 1b, 2a, 3b, 4a, 5a, 6a, 7b, 8a.
4. George Sand : 1b, 2b, 3b, 4a, 5a, 6b, 7a, 8a.

Pages 76 et 77

Page 76
Français
Écoute-moi, synonyme, repartie, ils se sont plu, intriguant, a priori, gracier, des gratte-ciel, féerie, je résous, réfréner, ubiquité, tous azimuts, soi-disant, obnubilé, pantomime, digression, au temps pour moi, langage, dilemme.
Maths
a. 3,14 x 26 = 81,64. Le périmètre de la pièce est de 81,64 mm.
b. Le rayon de la pièce = 26/2 = 13 ; 3,14 x 13^2 = 530, 66. L'aire de la pièce est de 530,66 mm^2.

Page 77
Histoire
1a, 2b, 3c, 4c, 5a, 6c, 7a, 8c, 9b, 10a.
Culture générale
1. Vrai, 2. Faux, 3. Faux, 4. Faux, 5. Vrai, 6. Faux, 7. Vrai, 8. Vrai, 9. Vrai, 10. Faux.

Pages 78 et 79

Page 78
Littérature
1a, 2b, 3a, 4b, 5a, 6a, 7b, 8a, 9b, 10a.
Sciences
1a, 2b, 3c, 4b, 5a, 6c, 7a, 8b, 9c, 10c.

Page 79
Géographie
L'empire du milieu : Chine ; L'île d'émeraude : Irlande ; L'île rouge : Madagascar ; La nation arc-en-ciel : Afrique du Sud ; La pays du soleil levant : Japon ; La terre de glace : Islande ; Le pays de l'éternel printemps : Guatemala ; Le pays des mille collines : Rwanda ; Le pays des mille lacs : Finlande ; Le pays des tulipes : Pays-Bas ; Le pays du matin clair : Corée du Sud ; Le pays du Sourire : Thaïlande ; Le plat pays : Belgique ; Le royaume dans les nuages : Lesotho ; Le royaume du million d'éléphants : Laos.
Culture générale
1c, 2a, 3b, 4b, 5c, 6a, 7a, 8c, 9b, 10b.

Pages 80 et 81

Devinettes

1. Pour surfer sur le net ; 2. Hi-bou ; 3. Au Népal ; 4. Un boing-boing ; 5. Fa, parce qu'elle est sous le sol ; 6. Une vache folle ; 7. Des quatre groins du monde ; 8. Le sous-marin ; 9. Des boules de flipper ; 10. Avec une foufourche ; 11. Elle appelle à Led ; 12. Décortiquez-vous ; 13. Parce qu'elles ne savent panaché ; 14. Un oiseau mi-grateur ; 15. Un hippocampe ; 16. Il va se beignet ; 17. Elle est grease ; 18. Une douche sans O ; 19. Yes chicken ; 20. Elle est pliante.

Pages 82 et 83

Page 82
Français

1. affluence, 2. cynophile, 3. gourmet, 4. éruption, 5. venimeuse, 6. consument, 7. inculquer, 8. affection, 9. infraction, 10. excès, 11. allocution – allocations, 12. affirme, 13. prodige, 14. emménagé, 15. sociable, 16. prescrit, 17. compréhensif, 18. imminent, 19. attention, 20. amené.

Maths

Moi, je chausse du 37 et j'ai 41 ans ; vous, je ne sais pas !

Page 83
Histoire

1b, 2b, 3c, 4b, 5a, 6b, 7b, 8a, 9a, 10c.

Culture générale

1. Vrai, 2. Faux, 3. Faux, 4. Faux, 5. Vrai, 6. Faux, 7. Vrai, 8. Vrai, 9. Vrai, 10. Vrai.

Pages 84 et 85

Page 84
Littérature

1a, 2b, 3c, 4a, 5b, 6a, 7a, 8c, 9a, 10a.

Sciences

1b, 2b, 3b, 4c, 5a, 6c, 7c, 8a, 9b, 10a.

Page 85
Géographie

1c, 2d, 3g, 4j, 5b, 6h, 7e, 8i, 9a, 10k, 11f, 12l.

Culture générale

1a, 2a, 3c, 4b, 5c, 6b, 7a, 8b, 9c, 10b.

Pages 86 et 87

Énigmes

1. ROBE, RIME, RIRE, RITE, RIVE, RIDE, RÔLE, ROME, ROSE, ROUE, RASE, RAIE, RATE, RARE, RAME, RADE, RAGE, RÂLE, RAPE, RACE, RUSE, RUÉE, RUDE, RÊVE.

2. PARIER, PAPIER, PANIER, CAHIER, CASIER, VARIER, RAVIER.

3.

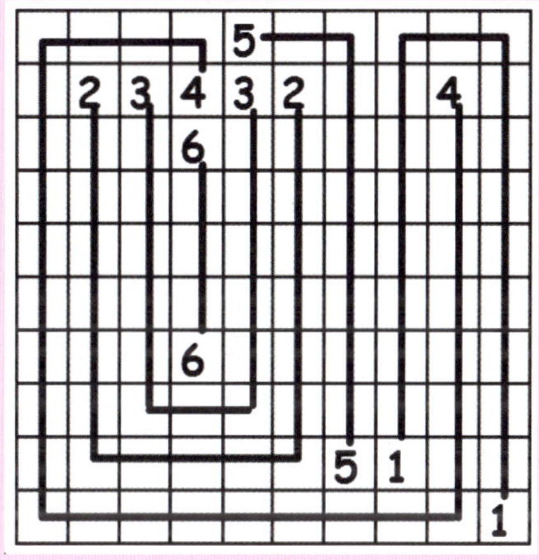

4.

5. PELLE, BELLE, BELGE, BEIGE, NEIGE.

6. STAGE, STAND, STADE, ÉTANG, ÉTAPE, ÉTAGE.

7. Six : C'est le nombre de côtés des formes.

8. Sucrée : Creuse ; Tranchée : Charente ; Raille : Allier ; Vérine : Nièvre ; Dîner : Indre ; Orteil : Loiret ; Urée : Eure ; Moelles : Moselle ; Mômes : Somme ; Musée : Meuse ; Anisé : Aisne.

Pages 88 et 89

Page 88
Français
1J, 2G, 3E, 4L, 5K, 6B, 7H, 8D, 9F, 10,C, 11I,12A.
Maths
Un losange est un parallélogramme dont les diagonales sont perpendiculaires (4 triangles rectangles) et se coupent en leur milieu.
Appelons O le point d'intersection des diagonales.
On sait que :
OB = 32/2 = 16 cm
BC=21cm
Trouvons la longueur de OC grâce au théorème de Pythagore
$BC^2=OC^2+OB^2$
$21^2= OC^2+16^2+OC^2=21^2-16^2$
$OC^2= 185$
$OC = \sqrt{185}=13,6$
Donc la longueur totale de la diagonale verticale est de 13,6 x 2 = 27,2cm.
La voiture sera soulevée de 27,2cm.

Page 89
Histoire
1a, 2a, 3b, 4a, 5a, 6a, 7a, 8a, 9b, 10b.
Culture générale
1. Vrai, 2. Faux, 3. Vrai, 4. Faux, 5. Faux, 6. Faux, 7. Vrai, 8. Vrai, 9. Vrai, 10. Vrai.

Pages 90 et 91

Page 90
Littérature
1a, 2c, 3b, 4b, 5a, 6c, 7b, 8c, 9b, 10c.
Sciences
1a, 2c, 3a, 4b, 5b, 6c, 7a, 8a.

Page 91
Géographie
1d, 2e, 3a, 4b, 5j, 6i, 7h, 8c, 9f, 10g.
Culture générale
1b, 2c, 3a, 4b, 5b, 6b, 7a, 8b, 9a, 10c.

Pages 92 et 93

Exercices cérébraux
1.

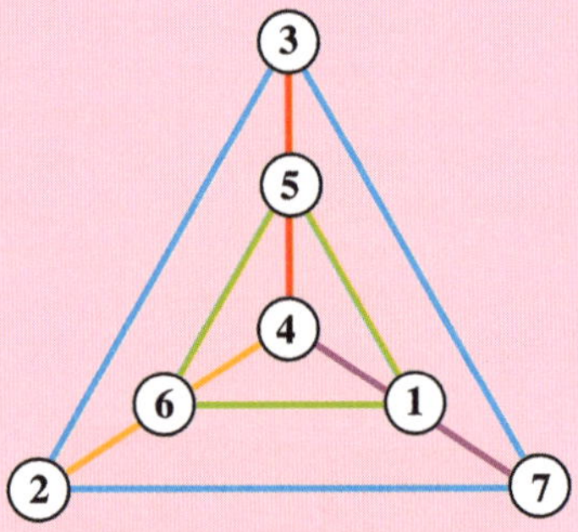

2. Jules = x ; Timothée = 2 x ; 3 x = 27 ; donc x = 9, l'âge de Jules ; et 18 ans pour Timothée.

3. 87 car les chiffres sont à l'envers.

4. Un train d'enfer.

5. C'est le chiffre 60 : La moitié : 30 ; Le tiers de la moitié : 10 ; Le total : 10 + 30 = 40.

6. skier ; kas ; kilos ; kali ; sale ; laits ; laies ; taies ; saies ; col ; cola ; roc ; cor ; roule ; couler ; fouler ; corne ; lier ; île ; ail ; aile ; relais ; four ; cour ; score ; cure ; sol ; sole ; site ; sis ; côtes ; sot ; sotie ; ouf ; rôle ; ska ; salie ; out ; listes ; lien ; rotes ; rôties ; colis.

7.

1	5	6	2	3	7	4	9	8
9	2	8	1	5	4	3	7	6
7	3	4	9	8	6	5	2	1
4	1	3	6	2	9	8	5	7
5	8	9	4	7	3	1	6	2
6	7	2	8	1	5	9	4	3
8	6	5	3	9	2	7	1	4
3	4	7	5	6	1	2	8	9
2	9	1	7	4	8	6	3	5

8.

5	6	9
3	7	2
4	1	8

Pages 94 et 95

Page 94
Français
1. To get cold feet, Avoir les pieds froids, Avoir le trac ; 2. As easy as a duck soup, Aussi simple qu'une soupe de canard, Un jeu d'enfant ; 3. It's raining cats and dogs, Il pleut des chats et des chiens, Il pleut des cordes ; 4. Icing on the cake, Le glaçage sur le gâteau, La cerise sur le gâteau ; 5. Tit for tat, Du tac au tac, Œil pour œil, dent pour dent ; 6. Out of the blue, Hors du bleu, Sans crier gare ; 7. Break a leg, Casser une jambe, Bonne chance ; 8. Once in a blue moon, Une fois dans la lune bleue, Tous les 36 du mois ; 9. Don't judge a book by its cover, Ne pas juger un livre à sa couverture, Ne pas se fier aux apparences ; 10. To make a mountain out of a molehill, Faire une montagne d'une taupinière, En faire tout un fromage.
Maths
54/60 = 0,9 ; donc 54 min correspondent à 0,9 h. v = d/t = 13,8/0,9 = 15,3. La vitesse moyenne de Batman est d'environ 15 km/h. Moralité, il n'aurait pas dû laisser sa Batmobile au carwash.

Page 95
Histoire
1a, 2a, 3b, 4a, 5a, 6b, 7a, 8a, 9b, 10a.
Culture générale
1. *Les Aristochats,* 2. *Bambi,* 3. *Basil détective privé,* 4. *La Belle et le Clochard,* 5. *Bernard et Bianca,* 6. *Blanche Neige,* 7. *Merlin l'Enchanteur,* 8. *Toy Story,* 9. *Pocahontas,* 10. *Robin des bois,* 11. *Le Roi lion,* 12. *Zootopie.*

Pages 96 et 97

Page 96
Français
1. *Ne t'enfuis plus ;* 2. *La Passe-miroir - Les disparus du Clairdelune ;* 3. *Vernon Subutex ;* 4. *L'Inconnue de la Seine ;* 5. *Les Contreforts ;* 6. *La tresse ;* 7. *Mille soleils splendides ;* 8. *Quand nos souvenirs viendront danser ;* 9. *Le serpent majuscule ;* 10. *Le mystère de la chambre jaune ;* 11. *Sept jours pour une éternité ;* 12. *L'Anti-lune de miel.*
Sciences
1a, 2c, 3a, 4a, 5c, 6c, 7b, 8c, 9c, 10a.

Page 97
Géographie
1d, 2f, 3g, 4c, 5e, 6h, 7i, 8b, 9j, 10a.
Culture générale
1c, 2a, 3b, 4b, 5c, 6a, 7c, 8b, 9a, 10b.

Pages 100 et 101

Page 100
Français
1. rendu compte ; 2. épousée ; 3. retrouvées ; 4. vue ; 5. ramassé ; 6. cueillies ; 7. coûté ; 8. achetées ; 9. disputés, duré ; 10. mariés.
Maths
378/90 = 4,2 heures = 4 heures et 12 minutes.

Page 101
Histoire
1b, 2b, 3a, 4a, 5a, 6a, 7b, 8a, 9a, 10a.
Culture générale
1. *Arrietty*, 2. *Le Château dans le ciel*, 3. *Porco Rosso*, 4. *Le Royaume des chats*, 5. *Ponyo sur la falaise*, 6. *La Princesse Mononoké*, 7. *Naussicaä et la vallée du vent*, 8. *Le vent se lève*, 9. *Le Voyage du Chihiro*, 10. *Kiki la petite sorcière*, 11. *Le Château ambulant*, 12. *Mon voisin Totoro.*

Pages 102 et 103

Page 102
Littérature
1b, 2a, 3b, 4c, 5a, 6c, 7c, 8c, 9c, 10c.
Sciences
1c, 2b, 3a, 4c, 5a, 6a, 7c, 8b, 9c, 10a.

Page 103
Géographie
1c, 2b, 3b, 4a, 5a, 6c, 7a, 8b, 9c, 10c
Culture générale
1b, 2c, 3a, 4b, 5a, 6b, 7c, 8c, 9b, 10a.

Pages 106 et 107

Page 106
Français
1g, 2k, 3m, 4e, 5d, 6h, 7a, 8f, 9c, 10o, 11b, 12n, 13i, 14l, 15j.
Maths
(70,6x20 + 1x5 + 4x2 +7x1 – 2x1 – 1x2) / 20 = X
(1412+16) / 20 = 71,4. La moyenne est de 71,4 kilos.

Page 107
Histoire
1a, 2b, 3b, 4b, 5a, 6b, 7a, 8a, 9b, 10b.
Culture générale
1. Vrai, 2. Faux, 3. Faux, 4. Vrai, 5. Faux, 6. Vrai, 7. Faux, 8. Vrai, 9. Vrai, 10. Faux

Pages 108 et 109

Page 108
Littérature
1. Antigone, *Antigone*, Jean Anouilh ; 2. Arya Stark, *Le Trône de fer*, George R. R. Martin ; 3. Defred, *La Servante écarlate*, Margaret Atwood ; 4. Elizabeth Bennet, *Orgueil et Préjugés*, Jane Austen ; 5. Hermione Granger, *Harry Potter*, J. K. Rowling ; 6. Hester Prynne, *La Lettre écarlate*, Nathaniel Hawthorne ; 7. Juliette Capulet, *Roméo et Juliette*, William Shakespeare ; 8. Katniss Everdeen, *Hunger Games*, Suzanne Collins ; 9. Lisbeth Salander, *Millénium*, Stieg Larsson ; 10. Miss Marple, *L'Affaire Protheroe*, Agatha Christie.
Corrigé
Sciences
1a, 2b, 3a, 4c, 5a, 6b, 7c, 8b, 9b, 10a.

Page 109
Géographie
1. Vrai, 2. Faux, 3. Faux, 4. Vrai, 5. Faux 6. Vrai, 7. Faux, 8. Vrai, 9. Vrai, 10. Vrai
Culture générale
1c, 2a, 3b, 4c, 5c, 6a, 7b, 8a, 9b, 10c.

Pages 110 et 111

1.

2.

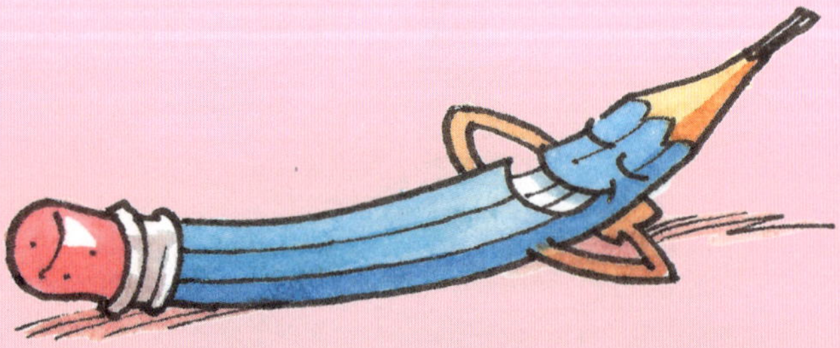

CAHIER
VACANCES
JOAN

Département de Hugo Publishing
34-36, rue La Pérouse
75116 Paris
www.hugopublishing.fr

ISBN : 9782351642542
Dépôt légal : mai 2022
Imprimé en France (PPO)